「社長」と「会社」を守る!!

人事労務18の鉄則

弁護士　野口　大

税務経理協会

はしがき

1 人事労務管理体制整備の重要性

　企業経営において，従業員との関係は非常に重要です。いくら営業力や技術力があっても，人事労務管理体制がずさんな企業は必ず失敗します。人事労務管理体制がうまくいっていない企業においては，優秀な従業員も離反して辞めていきますし，従業員が企業や経営陣に不満を持っている状態ではモチベーションも低下し，企業としての競争力が低下するのです。

　人事労務管理体制を整備するにはどのようにすればよいのでしょうか。簡単なことです。どのような分野において，どのような紛争が発生しやすいのか，どのようにすればその紛争が予防できたのかを知ってそれを実践すればよいのです。

　本書は，一貫してそのような視点で書かれています。本書で取り上げたテーマ自体，どれも，紛争が発生しやすい分野です。具体的な紛争例も紹介しています。そのうえで，どのようにすればその紛争が予防できるのかという対処法をも併せて解説しています。したがって，本書を一読して理解し，実践すれば，致命的な人事労務のトラブルは確実に回避することができると思います。

2 本書の特長

ア 高度な内容を平易に解説

　労働法や人事労務に関する類書は多数ありますが,「専門的すぎてわかりにくい」ものや,逆に「表面的で薄っぺらなことしか書いておらず実際の役に立たない」ものが多くあります。

　本書は,「実務に役に立たない理論」「細かで些末的なこと」を省略する一方で,「実務に役に立つ実戦ノウハウ」を多数盛り込みました。しかもそのような「濃い」内容を,全く法律知識のない専門外の方でも理解できるように平易な言葉で説明するように心がけました。

　高度な内容を平易に解説するのは大変難しいことです。筆者は長年,商工会議所や銀行系のシンクタンク等で多数の企業向けセミナーを担当し,どのようにすれば法律の初学者でも高度な内容を理解できるかを日々工夫し,その結果一定の高い評価を得てきました。本書はそのノウハウの成果でもあると確信しております。

イ 法律面のみならず,人事労務的な視点からのアドバイスも併記

　本書は,各項目について,「一般的回答」というパートと「コンサル型弁護士のアドバイス」というパートがあります。

　「一般的回答」というのは,法律や裁判例の知識を踏まえた,弁護士としてのノーマルな回答です。「コンサル型弁護士のアドバイス」というパートは,法律や裁判例を離れた,

人事労務的視点からの回答を記載したものです。

　人事労務という分野は「人間心理」「モチベーション」「プライド」「メンツ」等が関係する分野であり，到底法律だけで割り切れるものではありません。「人間」にまつわる泥臭い分野なのです。私は日頃からこのことを意識し，クライアントには，法律面のみならず，人事労務面からのアドバイスを心がけるようにしてきました。「コンサル型弁護士のアドバイス」というパートは，「法律と人事労務は車の両輪であり，どちらが欠けてもうまくいかない」という私の考え方を反映させた，画期的なパートであろうと思います。

3　対象としている読者

　本書は，前述のとおり，高度な内容を平易に解説しております。したがって，法律知識がなくても十分にご理解いただくことが可能です。企業の経営者，経営幹部，人事労務総務担当者のほか，日頃企業経営者と接する機会の多い税理士，各種コンサルタントの方々には是非ご一読していただきたいと思います。

　本書をご活用いただき，企業が無駄な後ろ向きのトラブルを避けて本業に専念できることを願ってやみません。

平成25年1月23日

野口　大

目　　次

はしがき

1　就業規則について

よくあるご質問

1　零細企業の場合，就業規則は作成しなくていいのですか？ ------3
2　就業規則を従業員に見せる必要はあるのでしょうか？ ---3

2　残業時間の切り捨て計算

よくあるご質問

　従業員の残業時間を記録するとき，30分未満を切り捨てて丸めて記録する（例えば，残業が1時間10分の場合は，1時間として記録する）ことは，問題ありますか？ ------10

3　従業員の自主的残業は労働時間か？

よくあるご質問

　従業員が勝手に遅くまで残っている場合でも，労働時間となって残業代を払う必要があるのでしょうか？-----------16

4　朝礼や体操は労働時間？

よくあるご質問

朝礼や体操を始業時刻前にやっています。賃金を払っていませんが，問題ないでしょうか？--------------------------------23

5　定額残業代は有効？

よくあるご質問

「残業代込みの基本給」「残業代込みの○○手当」は認められますか？--28

6　36協定に不備があると致命的

よくあるご質問

1　零細企業で従業員も10人未満の場合は，36協定を労働基準監督署に提出する必要はないのでしょうか？----36
2　36協定を労働基準監督署に提出する場合，「従業員代表」はいつも総務の若手の名前を適当に書いていますが，問題ありますか？---36

目　次

7　管理職にすれば残業代不要か？

よくあるご質問

わが社では課長以上は管理職となって残業代を出していませんが，問題ありませんか？------------------------------------41

8　営業担当者には残業代は不要か？

よくあるご質問

営業担当者にも残業代を払う必要があるのでしょうか？-49

9　年俸制の場合には残業代不要か？

よくあるご質問

年俸制の場合には残業代を払う必要はないのですか？----56

10　代休と休日振替

よくあるご質問

代休をとらせれば，休日割増手当の支払いは不要となりますか？--58

11 30日前に予告すれば解雇できるのか？（問題社員の解雇）

よくあるご質問

30日前に予告するか，30日分の給料を払えば解雇できますか？------61

12 部下の注意・指導とパワハラ

よくあるご質問

部下に注意・指導してパワハラ（パワーハラスメント）として違法となることはどのようなケースですか？------73

13 転勤命令

よくあるご質問

1　本人が嫌がっている場合，転勤を命じることはできますか？------78
2　本人から辞めると言わせるために，絶対嫌がる遠方への転勤を命じることは，可能ですか？------78

目 次

14 人事考課

よくあるご質問

人事考課によって，賞与の額や昇給に格差をつけようと思っているのですが，人事考課制度について注意すべき点はありますか？ ---82

15 退職の説得

よくあるご質問

能力の低い社員がいるので，退職するように説得する必要があります。

何か気をつけることはありませんか？ ---87

16 セクハラ

よくあるご質問

体のどの部分を触るとセクハラになるのですか？ ---93

17 うつ病の社員

よくあるご質問

うつ病の社員がいます。どのように対処すればよいのか，何か気をつけることはありませんか？ ---98

18 契約社員の雇止め

よくあるご質問

契約社員（パート社員）について，来年の契約はしないでおこうと思いますが，何か問題ありますか？ ----------- 107

「社長」と「会社」を守る!!
人事労務18の鉄則

野口　大　著

1 就業規則について

よくあるご質問

1 零細企業の場合，就業規則は作成しなくていいのですか？
2 就業規則を従業員に見せる必要はあるのでしょうか？

一般的回答（質問1について）

法律はどうなっているか

　労働基準法89条には「常時10人以上の労働者を使用する使用者は，次に掲げる事項について就業規則を作成し，行政官庁に届け出なければならない」とありますので，逆に言えば，常時10人未満の従業員しかいないような零細企業・零細事業主は，就業規則を作成する必要はありません。

零細企業でも就業規則は作成するべき

　でも，結論から言えば，どんな零細企業・零細事業主であっても，就業規則は作成しておくべきです。なぜなら，就業規則を作成したほうが社長にとって都合のよいことが多いからです。「労働基準監督署に提出する面倒な書類の1つ」くらいにしか考えていない社長も多いのが実情ですが，もったいない話です。

就業規則に書いたことは，会社のルールとなります。
　零細企業・零細事業主であっても，うちの従業員にはこういうことを守ってほしい，こんなことはしないでほしい，こういう時は会社の指示に従ってほしいということがあると思います。そういうことを<u>就業規則に書けば，自動的に会社のルールとなり，従業員はそのルールを守らないといけなくなる</u>わけです。
　社長がいちいち朝礼で訓示しなくても，壁一面に貼り紙をしなくても，社長の思うように会社のルールを作っていくことができるのです（もちろん何事にも限度があり，あまりに変なルールやあまりに従業員に酷なルールは認められませんが……）。

残業や休日出勤の場合

　例えば，残業や休日出勤について考えてみましょう。忙しい時には，従業員には残業してほしいし，休日に出てきてほしいと思いませんか？　そういう場合，就業規則で「会社は，業務上の都合で残業や休日出勤を命じることができる」と書いておけばよいのです。就業規則に書いておけば，それが従業員の守るべき会社のルールになりますから，従業員は，正当な理由（病気等）がない限り，嫌だとは言えなくなります。

　残業や休日出勤の場合，実際には，「今日残業お願いできるかなあ」「悪いけど，次の日曜来てくれるかなあ」と言って，従業員の同意をとって，残業や休日出勤をやっている会社が多いと思います。ただ，いつでもそのようにうまくいくとは限り

ません。

　例えば，どうしても納期に間に合わせないといけない，そのためには，会社の全従業員が，連休を返上して頑張らないといけないことだってあるかもしれません。そんなとき，「次の連休返上して頑張ってくれないかなあ」と言って，全員が気持ちよく応じてもらえるのであればよいですが，中には「連休は遊びに行くから，勘弁してほしい」という人がいるかもしれません（最近，そういう人が増えています）。それを横で聞いていた他の従業員も次々と，「連休出てくるのはしんどい」と言うかもしれません。そうなると，結局納期が間に合わなくて，会社が大損害を被ることになります。

　<u>就業規則をきちんと作っておき，「会社は業務上の都合があれば残業や休日出勤を命じることができる」というルールがあれば，従業員は，正当な理由（病気等）がない限り，嫌だとは言えません</u>。どうしても嫌だという従業員がいる場合は，「休日出勤命令には応じないといけないというのが，会社のルールだよ。どうしても出てくるのが嫌だというなら，ルール違反で処分せざるを得なくなるよ」と言えるわけです。

従業員の不祥事防止

　従業員の不祥事防止という意味でも，就業規則はとても大切です。

　例えば，従業員が，会社の「社外秘」マークのある書類を無断で外部に持ち出したような場合を考えてみましょう。会社と

しては、そのようなことをやってもらっては困るわけです。あらかじめ「従業員のやってはいけないこと」としていろいろな事柄を挙げておく必要があります。今の例で言えば、「会社が秘密として指定した書面やデータを、上司に無断で社外に持ち出し、あるいは持ち出そうとしてはならない」と就業規則に書くことになります。また、ルールに違反した場合の制裁も書いておいたほうがよいでしょう。普通は「○○条に違反した従業員については、懲戒処分とする」と就業規則に書きます。

就業規則に書いておけば、それが会社のルールとなります。

従業員も「こういうことをすると懲戒処分になるんだ」とわかりますので、不祥事を未然に防ぐことができるのです。

万一会社の「社外秘」マークのある書類を無断で外部に持ち出した場合、従業員に対して、「何で会社のルールを守らないの」と言えます。「会社のルールに違反したんだから、懲戒処分をするよ」といって懲戒処分という制裁を加えることもできます。

なお、あまり知られていないことですが、懲戒処分をするためには、就業規則に「こういうことをすると懲戒処分にする」と明確に書いておく必要があります。

逆に言えば、就業規則がなければ、従業員がどのような不祥事を起こしても、懲戒処分をすることはできないのです。

古い就業規則を放置しておいてはダメ

　大昔の就業規則をそのまま放置しているというのも問題です。時代に応じて「トラブルのトレンド」は変わりますので，内容を進化させていくことが必要です。

　例えば，現在は10年前にはあまりなかったうつ病等精神疾患関係のトラブルが激増しています。体調が非常に悪そうで頻繁に休むが，本人は「病気ではありません」と言い張り医者にかからない，このまま働かせてよいのかわからないといった悩みをかかえている会社も増えています。

　このような場合，会社として「会社の指定する医者の診察を受けなさい」とか「勤務に支障はないという診断書や医者の証明書を提出しなさい」と必要に応じて命じることができれば，非常に対応しやすいわけです。

　そのようなことを就業規則に書いて，従業員の守るべきルールとしていくことが重要です。

一般的回答（質問２について）

　就業規則を作成した場合，一番重要なのはその内容を従業員に知らせることです。

　従業員から要求があれば，就業規則を見せることが必要です。

　就業規則に書いたことは会社のルールとなり，従業員はそれを守らないといけなくなります。

しかし，それは従業員が就業規則を見ることができることが前提です。従業員の誰も就業規則を見たことがなければ，いくら，会社が「就業規則に書いてある」「会社のルールだ」と言っても，「そんなルールは見たこともない」「見たこともないルールに縛られるのはおかしい」と言われます。

　法律もそうなっています。少し難しいですが，労働契約法7条には「労働者及び使用者が労働契約を締結する場合において，使用者が合理的な労働条件が定められている就業規則を労働者に周知させていた場合には，労働契約の内容は，その就業規則で定める労働条件によるものとする」とあり，<u>就業規則を作って会社のルールとするためには，「労働者に周知」させておくことが必要</u>と規定されています。

　「労働者に周知」というのは難しい言葉ですが，要するに，<u>従業員が内容を確認しようと思えば確認できるようにしておくこと</u>です（従業員が実際に読んだかどうかは関係ありません）。丁寧な会社は，従業員に就業規則を配布していますし（ルールブックを配布するのと同じです），最近の会社はイントラネットで内容を確認できるようにしている会社も増えています。最低でも，各事業場に1つは備え付けておいて，「ここにあるよ。見たい人は見てね」と伝えておく必要があります。

　就業規則は作成して労働基準監督署に届け出たけど，社長の引き出しにしまいこんだままとか，あるいは従業員が「見た

い」と言ってきても見せない会社もあります。そんな状態では，就業規則を作成していないのと一緒なのです。

　従業員に対して「就業規則は会社のルールだから守りなさい」と言うことができません。

コンサル型弁護士のアドバイス

　就業規則のうち，会社として従業員に守ってほしいということは，従業員に噛み砕いて説明しておくべきです。

　別に法律で要求されていることではありませんが，きっちりと事前にルールを説明しておくことは，いざというときに「これが会社のルールですから従ってください」と言えます。従業員も素直にそれに従う可能性が高くなるのです（事前にきちんと丁寧に説明しておけば，「聞いてない」「知らない」という反発は生じません）。

　これによって，無用なトラブルを防ぐことができるのです。

2 残業時間の切り捨て計算

よくあるご質問

従業員の残業時間を記録するとき,30分未満を切り捨てて丸めて記録する(例えば,残業が1時間10分の場合は,1時間として記録する)ことは,問題ありますか?

一般的回答

よくある例

従業員を残業させた場合,残業代を払う必要があります。会社としては従業員が残業した場合にはその時間を記録し,毎月の残業時間を集計して残業代を払わなければなりません。

しかし,実際には次のように処理をしているケースがよく見られます。

問題事例1

タイムカードはあるが,残業時間は手計算で計算している。その際,30分未満を切り捨てて丸めて記録している(タイムカード残業時間が1時間10分の場合,1時間として丸めて記録している)。

2 残業時間の切り捨て計算

> 問題事例2

　残業時間は従業員に申告させている。その際，1時間未満の端数は切り捨てて提出するように指導している。

> 問題事例3

　残業時間は従業員に申告させている。明確に指導しているわけではないが，1時間未満の端数は切り捨てて提出するのが慣例となっており，全員そうしている。

　何故会社は以上のような処理をするのでしょうか？
　処理がラクだし，少しでも残業代の節約をしたいというのが本音だからです。
　「昼間ダラダラ仕事をしているから，残業時間ばかり増える。もっときちんと仕事をすれば，残業時間は短くて済むはずだ。だから，残業時間を丸めて記録するくらい，当然許されるでしょう」と言う社長もいます。社長の気持ちはとてもよく理解できます。

法律的には残業時間を丸めて記録することはできない

　しかし，ダラダラ仕事をしているという問題点は，業務効率の改善として取り組むべき問題であって，ダラダラ仕事をしているからといって，残業時間を勝手に短く記録して調整しても構わないということにはなりません。

　法律的には，労働時間や残業時間は1分単位で正確に記録しておく必要があります。

したがって，毎日の残業時間を記録するときに，残業時間が1時間20分なら1時間というように，切り捨てて丸めることはできません。1時間21分なら1時間21分，1時間10分なら1時間10分と1分単位で正確に記録することが必要です。

 もちろん，1時間20分なら2時間と，切り上げて丸める計算であれば問題ありません。従業員に有利だからです。でもそんな大盤振る舞いをする会社はまずないでしょう。要するに，<u>従業員に不利な形で残業時間を丸めて計算するのはできません。そのカットされた部分は，実際は残業時間であるにもかかわらず残業代が払われないわけですから，サービス残業となります。</u>

 労働基準監督署が調査に入った時にこの問題を指摘し，サービス残業代を払うように指導するという例がよく見られます。

 以下に有名な例を挙げておきます。

 日本マクドナルドホールディングスは30日，超過勤務算定で切り捨てていた賃金の未払い分が03年7月から05年7月までの2年間で，のべ10万人以上，22億円に上ることを明らかにした。同社は今年7月までアルバイト従業員の賃金や社員の超過勤務手当を30分単位で丸めて計算していた。労働基準監督署から指導を受け，8月からは残業代を1分単位で算定する管理方式を導入。過去2年分の未払い金の支払いを特別損失などに計上する。

　　　　　　　　　　　2005／10／01　朝日新聞　朝刊

2 残業時間の切り捨て計算

　自動車部品大手のアイシン精機（愛知県刈谷市）は21日，刈谷労働基準監督署の是正勧告を受けて2008年1月〜09年11月のサービス残業分の賃金を今年3月に支払ったことを明らかにした。同社はサービス残業の時間と支払額を公表していない。

　同社広報部によると，是正勧告は09年10月下旬の同労基署の立ち入り検査に基づくもので，30分単位で記録された残業時間と従業員のタイムカードの出退勤時間の間に差があったという。勧告を受けて同社は，社内調査を実施し，同年12月にパートを含む従業員約1万2千人の残業実態を個別に確認。実際の残業時間が29分でも，30分未満の残業はカットされていたことが判明。広報部は時間や支払額を公表していないが，同社関係者によると，確認された残業は計10万時間分，支払額は約3億円に上るという。

2010／04／22　朝日新聞　朝刊

正しい処理

【例1】　タイムカードはあるが，残業時間は手計算で計算している。

　➡　タイムカードでの残業時間が1時間10分なら1時間10分として記録する。

13

【例2】　残業時間は従業員に申告させている。
　　➡　残業時間は正確に申告するように伝える。
　　➡　従前の取扱いを改めるので、1時間未満の時間を切り捨てて申告する必要はない旨説明する。

　なお、会社の指導にかかわらず、従業員が自主的にキリのよい時間で切り捨てて申告してくることは問題ありません。会社の側から「丸めろ」と言ってはならないというだけであり、従業員が必ず1分単位で申告しなければならないというわけではありません。

切り捨て処理と切り上げ処理を同時にやっている場合

　30分未満の残業時間は切り捨てているが、逆に30分以上の残業時間は切り上げて計算しているという会社もあります。

　1時間20分なら1時間、1時間40分なら2時間として計算するというやり方です。

　従業員に有利な面もあるので、一見問題ないようにも見えますが、切り捨てられる残業時間がある以上違法となります。

　ただし、毎日の残業時間ではなく、毎月の合計残業時間を集計するときにそのような切り捨て切り上げ処理をすることは有効とされています。

コンサル型弁護士のアドバイス

　残業代節約のために会社がずるい処理をしている，と従業員に思われること自体が，従業員のモチベーションを下げます。会社もずるいことをしているから，我々も多少の手抜きは許されるという意識が蔓延する危険もあるのです。

　無駄な残業は許さないし，効率よく仕事をするべきだ，しかし必要な残業は認めるし，その場合は1分であろうがきっちりと残業代を払う，という筋の通った経営姿勢が大切です。

3 従業員の自主的残業は労働時間か？

よくあるご質問

従業員が勝手に遅くまで残っている場合でも，労働時間となって残業代を払う必要があるのでしょうか？

一般的回答

よくある例

皆さんの会社には，毎日夜遅くまで残っている従業員とか，毎日早朝に来て仕事をしている従業員はいませんか？

上司がそれを命じている場合には，当然労働時間としてカウントする必要があります。その結果，法定労働時間を超えれば残業代を払う必要も出てきます。

では，誰が命じているわけでもなく，従業員が自主的に夜遅くまで残っている，あるいは自主的に早朝に来て仕事をしているような場合はどうでしょうか？ 労働時間としてカウントする必要はあるのでしょうか？

原　　則

従業員が自分の判断で自主的に早朝深夜に仕事をするのは，原則として労働時間ではありません。

行政通達も次のようになっています。

「自主的時間外労働の場合は，労働時間ではない」

例外（黙示の命令）

でもこの行政通達には続きがあるのです。
「黙示の命令があると判断されるような場合は労働時間にあたる」

「黙示の命令」というのは，聞き慣れない言葉ですが，平たく言えば黙認という意味です。従業員が自分の判断で自主的に早朝深夜に仕事をしていても，それを黙認していれば，言葉には出していなくても，早朝深夜に仕事をしろと命じているのと同じことです。

では，どのような場合に黙認といわれるのでしょうか？
実際に裁判で問題となった例をいくつか見てみましょう。

まず銀行の事案です。始業時刻は午前8時35分なのですが，男性行員のほとんどが午前8時過ぎころまでに出勤し，午前8時15分までには金庫扉を開けてキャビネットを出すなどして業務準備をしていたという事案です。
この事案において，裁判所は午前8時15分から35分までの金庫の開扉等を行う勤務は，銀行が黙認しているのだから残業（早出残業）であって，残業代を払う必要があると判断しました。

男性行員のほとんどが8時15分から仕事をしていた，当然会社はそれを知っていた。しかし，それを止めることはなかったのですから，法律的には黙認していたことになります。黙認していた以上，それは命じているのと同じであり，労働時間として賃金が発生すると判断されます。

　また，「上司に対して，時間外勤務をしたことの記載された勤務時間整理簿を提出し，上司はその記載内容を確認していたのであって，上司も原告の時間外労働を知っていながらこれを止めることはなかったというべきであり，少なくとも黙示の時間外勤務命令は存在した」と判断されている裁判例もあります。

　逆に，労働時間と認められなかった裁判例もあります。
　学校の事案です。学院長は繰り返し残業を禁止する旨の業務命令を発していたにもかかわらず，教職員が勝手に残業していたという事案です。残業を禁止しているわけですから，さすがに黙認とはいえません。裁判所も残業禁止命令に反した残業をしていたので，労働時間ではないと判断しています。

　3つの裁判例を見ましたが，要するに従業員が仕事をしているのを上司等が知っているにもかかわらず特に注意をしない，ということがあれば全部黙認として労働時間となるのです。

会社としては何をすればよいか

したがって、会社としては勝手な残業を黙認しないことが重要です。

具体的には、まず原則として残業を禁止することが大切です。会社には所定労働時間というのがあります。まずは効率よく仕事をして、所定労働時間で仕事を切り上げるのが本則です。

どうしても、残業が必要な場合には、なぜ残業が必要なのか、どの程度の時間の残業が必要なのか、許可を求めさせて、上司が許可した場合に限り残業をさせるという制度を徹底することが重要となります。このような制度を「残業許可制」といいます。

この制度を導入すれば、許可のない残業は残業として扱う必要がなく、残業か否かが明確となり、ダラダラ残業を撲滅することができます。

「残業許可制」を導入する場合の、典型的な就業規則例は次のようなものです。
1．従業員は、所定労働時間外労働・休日労働の必要がある場合には、必ず所定の方法をもって事前に所属長の許可を得なければならない。
2．従業員は、事前に所属長の許可を得ずに所定労働時間外労働・休日労働を行ってはならない。

3．従業員が前項に反する所定労働時間外労働・休日労働を行った場合，業務上必要のないものとみなし，賃金を支給しない。

残業許可制の落とし穴

ただ，どんなことでもそうですが，制度を作るだけではダメです。大切なのは，その後の運用です。いくら立派な制度を作っても，運用がずさんであれば全く意味がありません。次のような場合，問題が残ります。

問題事例1

残業許可制は導入したけれども，面倒なので誰も許可を求めたりしておらず，許可のない残業が蔓延しており，上司もそれを黙認している場合

結局はすべての残業を黙認していることとなります。残業許可制を導入していないのと同じであり，全く意味がありません。

問題事例2

部下が求めてきた残業申請の内容を上司がチェックもせず，無条件に全部承認している場合

ダラダラ残業等不要な残業まで正式な残業として許可したことになり，会社としては無駄な人件費を払うこととなります。

問題事例3

問題事例2 とは逆に，上司が残業時間を減らすことばかりに躍起になって，本当に残業が必要にもかかわらず，残業を認めない，あるいは不当に少しの時間しか認めないという場合

部下としては，仕事を終わらせるためには許可された残業時間を超えて残業を行わざるを得ません。上司としても仕事が終わらないのは困りますので，それを黙認することになります。

にもかかわらず，その一部しか残業として認めないということであれば，それはサービス残業となります。

「残業許可制」の正しい運用

「残業許可制」を導入する場合，上司が部署全体の業務状況を把握し，かつ個々の部下の仕事量を把握したうえで，本当に必要な残業かどうか，どの程度の時間の残業が必要か等を判断して，適切な許可を与えることが必要です。

昼間ダラダラしている，不必要な残業時間を申請しているということであれば，上司はそのことを指摘したうえで，本当に必要な残業時間しか許可しないこととしなければなりません。

逆に，一定の残業が必要と思われるにもかかわらず，部下が少ない時間しか申告してこない場合には，実際に必要な残業時間をきちんと申告させる必要があります。

「残業許可制」を適切に運用するためには、上司自身が部署全体の業務状況を把握し、かつ個々の部下の仕事量を把握しておくことが前提として必要となります。したがって、上司に大変な負担がかかるのは事実です。
　しかし、「残業許可制」を適切に運用すれば、おのずと無駄な残業がなくなり、会社としても経費節減につながります。

コンサル型弁護士のアドバイス

　これまでも指摘しましたが、「残業許可制」を適切に運用するためには、上司自身が部署全体の業務状況を把握し、かつ個々の部下の仕事量を把握しておくことが前提として必要となります。上司にとっては大変な負担です。

　しかし、<u>部下の仕事量を具体的に把握しておくことはマネジメントとして重要なこと</u>です。どの程度の残業時間が必要かを把握する目的で、「今手一杯？」とか「どこまで進んでいるの？」と声をかけることも必要となります。もっと大切なことは、そのようなやりとりを通じて<u>部下とのコミュニケーションも活性化する</u>ことです。

4 朝礼や体操は労働時間？

よくあるご質問

朝礼や体操を始業時刻前にやっています。賃金を払っていませんが，問題ないでしょうか？

一般的回答

よくある例

この会社のように，朝礼や体操を始業時刻前にやって賃金を払っていないという会社はよくあります。「朝礼や体操は，仕事の準備であって，仕事じゃない。そんなものに賃金を払う必要はない」というのが社長の本音です。社長の常識としてはそうかもしれません。

しかし，従業員はそうは思っていません。賃金が払われていないことについて不満を持っている従業員は結構多いものです。

「朝礼に遅れた従業員がいたので叱りつけたところ，『朝礼には賃金が支払われていないから，自由参加なはずです。参加強制ということだったら賃金を払ってくださいよ』なんて反論してきた」という相談も珍しくありません。

朝礼や体操等は労働時間か？

　朝礼や体操等が労働時間かどうか（賃金を払う必要があるかどうか），というのは難しい議論ですが，簡単に言えば事実上参加を強制しているか否かで労働時間か否か（賃金を払う必要があるか否か），結論が異なってきます。

　参加しないと怒られる，人事考課でマイナスとなる，賞与が削られる，出世が遅れる等の実態があれば，事実上参加を強制していることとなり，労働時間となります。労働時間ですから，当然賃金を支払う必要があります。

　逆に，参加しなくても怒られないし，何の不利益も受けない，実際参加する人もいれば，参加しない人もいる，という実態なら，労働時間ではありません。賃金も支払う必要はありません。

　朝礼や体操は職場規律の維持や事故防止のために重要であり，参加自由というわけにはいきません。したがって，現実的には参加強制とせざるを得ず，労働時間として潔く賃金を払う必要があります。

朝礼や体操は労働時間ではないので賃金は払わない，と就業規則で決めている場合

　「朝礼や体操には賃金は労働時間ではない，賃金は払わないと就業規則に書いておけばよいのではありませんか」という質問もよくありますが，残念ながら「労働時間ではない」と書い

たとしても法律的には無効です。

　昔はそういう方法もあったのですが,「労働時間かどうかは参加が強制されているかどうかで決まるもの。労働時間ではないと書いても意味ありません」と最高裁判所が言ってしまったものですから,どうしようもありません。

労働時間かどうか

　朝礼や体操以外で,労働時間かどうかでよく問題となるものには次のようなものがあります。

問題事例1

交替引継,機械点検,整理整頓,清掃

　このようなことを「自由参加」でやってもらうというのは,現実的にはないと思われます。仕事としてやらせて,労働時間としてカウントせざるを得ません。

問題事例2

作業衣への着替えや保護具の着用

　これはいろいろな考え方があります。普通の簡単な着替えは,労働時間ではないと考えます。造船所の保護具の着用等,非常に特殊で相当の時間を要するような着替えであれば,労働時間となることもあります。

問題事例3

研修,教育活動,行事

　全く参加自由なら労働時間となりません。会社として,「全員参加させたい」というのであれば,参加強制として,労働時間としてカウントせざるを得ません。

問題事例4

仮眠時間等不活動時間

　待機時間や仮眠時間等，いざ何かあれば仕事をしないといけないような場合はよくあります。警備や夜の電話番などが典型的な事例です。この場合，何もしていない待機時間や仮眠時間は労働時間でしょうか？

　これはとても難しい問題です。平たく言えば，実態としてゆっくりできる状態であれば労働時間ではなく，実態としてあまりゆっくり休めない状態であれば労働時間となります。

　仮眠中に頻繁に警報がなり，警報がなった場合には20分以内に出動することが義務付けられているような場合には，仮眠時間といえども実態としてゆっくりできないでしょうから，待機している時間（仮眠時間）を含めて労働時間となる可能性が高いと思います。

　逆に，滅多に警報なんてならない，警報がなっても出動しなくてよい場合もある，外出も自由にできる，という場合は，実態としてゆっくりできるでしょうから，待機している時間（仮眠時間）は労働時間ではないと考えます。

コンサル型弁護士のアドバイス

　朝礼や体操について，参加強制としつつ賃金を払わないというのが，一番まずいです。会社から見れば，小さなことかもしれませんが，従業員が「賃金も払わないのに，強制しやがって」と日々不満を募らせていることは意外によくあります。

　朝礼や体操に遅刻してこっぴどく怒られた従業員が，「賃金ももらっていないのに，なぜこんなに怒られるのか」と社長を逆恨みし，会社の不備を見つけては次々と労働基準監督署に申告するというケースもあります。

　業務上必要なことは参加強制にして，従業員には絶対参加させる，遅刻は許さない，その代わり労働時間として賃金は払う，という一貫した姿勢が重要です。

5 定額残業代は有効？

よくあるご質問

「残業代込みの基本給」「残業代込みの○○手当」は認められますか？

一般的な回答

最近はサービス残業の事案が増えている

最近，サービス残業をさせられていたといって，退職した従業員等が残業代の支払いを求めてくるケースが激増しています。

サービス残業には2種類あります。

1つは本当に会社が悪質なケース。残業代なんて払っていたら経営が成り立たないという理由で，意図的に残業代を払わずに残業させているケースです。これは会社が悪いです。残業代を払わされても仕方ありません。

もう1つは，会社がかわいそうなケース。これは会社はきちんと残業代を払っているつもりですが，いろいろ制度や規定に不備があり，その弱点を追及されて結果的にサービス残業になってしまうというケースです。顧問弁護士のいないような中小零細企業ではそのようなことがよくあります。知らず知らずに「サービス残業」が発生しているようなケースは多々ありますので，くれぐれもご注意ください（詳細は，管理監督者の章

や事業場外労働の章をご覧ください)。

よくある例

最近，経営者の間でもサービス残業のことがよく話題になっています。

「この前○○さんのところに労基署（労働基準監督署の略）が入って，サービス残業代を払わされたらしい」「うちもそうだよ。散々会社に迷惑をかけた元従業員が辞めるなり，サービス残業があったから残業代を払えといって裁判を起こして，高い金を払わされた」「嫌な時代になったねえ。最近の従業員はろくに仕事もせずに権利ばかり主張するから」というやりとりはよく耳にします。

そんな中，「うちは大丈夫だ。基本給は残業代込みだから，サービス残業なんてないよ」「うちは○○手当という形で残業代をきっちり払っているから，サービス残業なんてないよ」と余裕の表情を見せている社長もいます。この会社，本当に大丈夫でしょうか？

定額残業代は認められるか

「残業代込みの基本給」「残業代込みの○○手当」というのは，いわゆる「定額残業代」といいます。このような制度にすれば，残業代を払っていることとなるのでしょうか？

結論から言えば，要件さえ満たせば残業代を払っていることになります。

ただ，問題はその「要件」です。意外とハードルが高いので

注意してください。

定額残業代の要件

「残業代込みの基本給」「残業代込みの○○手当」が認められるためには、従業員がそのような制度だということを十分に理解して納得（法律的には「合意」といいます）していることが必要です。

普通と違う賃金の支払い方なわけですから、そこははっきりした合意が必要です。なんとなく「基本給の中に残業代も入っている」「○○手当の中に残業代も入っている」というあいまいなことでは「合意」とは認められません。

はっきりした「合意」があるといえるためには、まず、定額残業代部分の金額をはっきりと区別しておくことが必要です。

「残業代込みの基本給」という制度であれば、「本当の基本給がいくらで、残業代部分はいくらなのか」ということが、従業員から見てはっきりとわかるように区別されていなければなりません。残業代の金額も不明確なままで、「合意」などあり得ません。

ですから、定額残業代を導入しようと思えば、定額残業代の金額が従業員にわかるよう、定額残業代の金額を明確に区分し、そのことを規定（普通は「賃金規定」）にもしっかり書いておく必要があります。

「基本給のうち○○万円は定額残業代として支給する」「○○

手当〇〇万円は定額残業代として支給する」という内容の規定を入れることが最低限必要です。

規定の仕方は難しい

　規定が少し不備なだけで定額残業代は認められなくなります。こんな実例があります。

　コンビニエンスストアの店長の事例ですが，規定には「職務手当について，割増賃金分を含み，かつ店長等の職位に対する手当である」と書かれていたケースがありました。この規定はどうでしょう？

　会社としては，職務手当の中には残業代も含まれていると思っていました。

　でも，裁判所は，そのような制度は，割増賃金分とそうでない部分（本物の職務手当）との区別が明確でないので，「合意」がなく，残業代を払ったことにはならないと判断しました。

　「職務手当のうち〇〇万円は残業代である」というように，残業代に相当する金額が明確に区別されていないと，定額残業代は認められないのです。

規定だけが完璧でもまだ足りない

　最近は専門家がアドバイスする例も増えてきて，定額残業代に関する規定を完璧に整備する会社も増えています。

　しかし，規定を整備して労働基準監督署に届け出て，それで満足しているという会社が多いのが実情です。これだけでは問題があります。

賃金に関することですから，そのことについてきちんと従業員が納得して同意した証拠（同意書等）を残しておく，という肝心な点を忘れてはなりません。
　特に現在の賃金体系を変更して定額残業代を導入する場合，従業員から見れば賃金体系の変更となります。賃金体系を従業員の不利に変更する場合には，従業員全員の同意書がないと効力が否定される可能性が高くなります。

　定額残業代の制度の内容，残業代の金額を説明して，従業員の同意書をとっておくことを忘れないようにしてください。

定額残業代で足りない場合は，追加残業代を払う必要がある

　定額残業代を導入した場合は，いくら残業時間が長くなっても定額残業代だけで足りるのでしょうか？
　結論から言えば，足りない分は別途払う必要があります。
　定額残業代の場合，正規の方法で残業代を計算し，定額残業代ではカバーされない場合には不足分を追加して払うことが必要です。
　「うちは定額残業代だから，それ以上は残業代は払わない」という主張は通りません。

　なお，毎月の残業時間を計算して，定額残業代でカバーされている時間に満たない場合には，定額残業代の金額を減らすということも可能です。

ただ，そのような制度は，一定の残業を事実上強制することとなりますので（残業時間が短ければ手取給与が減るという制度だからです），長時間労働の温床となりやすいという問題があります。不幸にして従業員の過労死問題等が発生した場合には，会社の責任問題にもなります。私はあまりおすすめしません。

それでも定額残業代のニーズは高い

　以上説明したように，定額残業代を導入するのは結構面倒です。

　要件をいっぱいクリアしなければなりません。

　しかし，結論から言えば，定額残業代は非常に有用な制度です。

　なぜなら，冒頭に述べたとおり，労働法は現在の実態に合致していませんので，知らず知らずに「サービス残業」が発生しているケースは多々あるからです。

　大企業でサービス残業があれば，以後適正に残業代を払えば済みます。しかし，中小零細企業は総額人件費に限度があり，「サービス残業」があるとしても，今以上残業代を払う余裕がありません。

　かといって，残業時間を減らすといっても急には無理です。

　そこで，今の賃金体系に手を加え，総額人件費はそのままで残業代を払っていることにしたいというニーズが出てくるわけ

です。

　そのための手法が定額残業代なのです。

　具体的にはいろいろな方法があるのですが，基本給を下げて，下げた分を定額残業代とするという方法もあります（少し露骨すぎますが……）。

　また，今まで○○手当として月2万円払っていたとします。

　今後はその○○手当は残業代であることを明確にするという方法もあります。

　すると，人件費は変わりませんが，月2万円は残業代を払っていることになるのです。

コンサル型弁護士のアドバイス

　今から定額残業代を導入しようという場合，賃金体系を変更し，賃金規定を作り変え，そのことを従業員に説明したうえで，従業員の同意書をとるという作業が必要となります。

　実務的に大変なのは，従業員の同意書をとるという作業です。なぜなら，従前の賃金体系を変更して定額残業代を設定する方法というのは，従業員にとってはあまり得するところのない制度だからです。今までもらっている給与は変わらず，ただ一定額の残業代が払われていることとなる制度です。「サービス残業という穴を防ぐために賃金体系を変更するんだな，会社もずるいなあ」と思われ，従業員のモチベーションが下がる危険性

があります。

　したがって，スムーズに同意書をとるためには，従業員が喜ぶ仕掛けが必要です。一番簡単なのは，例えば，今まで特別手当が２万円支払われていたのであれば，今後２万2,000円に増額するというお土産とセットで，特別手当を定額残業代とする旨の同意書をとるという方法です。

　また，従業員が日頃不満に持っていること（なかなか休みがとれない，残業が長い，無駄なミーティングが多い等）を少しでも改善してあげます。それらとセットで同意書をとるという方法もあります。

　従業員に何らかのメリットがあれば，気持ちよく同意書をとることが可能です。

6　３６協定に不備があると致命的

よくあるご質問

1　零細企業で従業員も10人未満の場合は，36協定を労働基準監督署に提出する必要はないのでしょうか？

2　36協定を労働基準監督署に提出する場合，「従業員代表」はいつも総務の若手の名前を適当に書いていますが，問題ありますか？

一般的回答

よくある例

人を１人でも雇っている以上，様々な労働法の規制が関係してきます。

労働基準監督署にいろいろな書類を提出しないといけません。

でも零細企業の場合，「細かい面倒な手続きなんてやってられない」「労働基準監督署から出せって言われるまで放っておいて大丈夫だろう」と軽く考えている場合が多いのが実情です。

しかし，そのような甘い考えが命取りになります。

従業員とのトラブルがきかっけで刑事告訴に発展して，廃業寸前まで追い込まれるケースがあります。

36協定の重要性

　人を働かせるときには，限度となる時間があります。

　これは労働基準法という法律で決まっています。休憩時間を除いて1日8時間，1週40時間（業種等によって例外はあります）を超えて働かせてはいけないこととなっています。これを超える場合は，残業となります。

　このように言うと驚かれる方が多いと思いますが，残業というのは本来犯罪なのです。労働基準法違反で，罰則まであります。

　残業をさせても犯罪とならないためには，法律に定められた一定の手続きを行う必要があります。これが，36（サブロク）協定といわれる協定です。労働基準法36条という条文で決まっているから36（サブロク）協定というのです。1か月45時間とか1年360時間という時間枠を設定し，「わが社はこの程度まで残業させることがあります」という内容を書面に書いて，社長と従業員の代表が署名押印し，労働基準監督署に届け出るわけです（原則，事業所ごとに届け出る必要があります）。

　36協定を作って労働基準監督署に届け出ていれば，その協定書に書いてある時間枠内の残業であれば犯罪になりません。36協定というのは，犯罪となるかならないかを決する，とても重要な協定です。

したがって，残業させることがある場合には，会社であろうが，個人商店であろうが，人を1人でも雇う以上，必ず36協定を締結して，労働基準監督署に届け出る必要があります。「従業員10名未満の零細企業にはそんな協定は関係ない」と思い込んでいる人がいますが，全くの誤解です。

36協定に不備があるとどうなるか
　前述のように，36協定というのは残業させても犯罪とならないために必要なものです。裏を返せば，36協定に何らかの不備があれば，残業をさせること自体が犯罪となり，会社としては大変な弱みを持つことになります。

　36協定がなかったり不備があれば，残業拒否した従業員を解雇することもできません。残業させること自体が犯罪ですから，残業を命じること自体ができず，残業拒否した従業員は何も悪くないのです。
　もし刑事告訴をされれば，社長が有罪となります。通常は罰金刑でしょうが，許認可を受けているような会社の場合，社長が有罪となれば許認可が取り消されることとなり，事業廃止に追い込まれます。
　実際，解雇された等で会社に恨みを持つ従業員が36協定に不備があるとして，会社を刑事告訴してくるケースは最近非常に増えています。
　36協定の重要性を認識していないと大変なことになります。

従業員の代表の選出方法に注意

「36協定なんて知っている」「労基署（労働基準監督署の略）に出しているから大丈夫」と思っている方も多いと思いますが，細かく見ていくと不備のあるケースがあります。

よくあるのは，従業員代表の選出方法がいい加減なことです。
<u>協定という以上，会社と従業員の代表が署名押印する必要があり，従業員代表をきちんと選ぶ必要があります。</u>
総務課の社員に「君，サインしておいて」と言っているなんてことはありませんか？　そんな状態なら，それは従業員代表を選んだことにはなりません。
36協定があっても，それは「36協定もどき」であって，36協定を締結していないのと同じです。

小規模な職場なら，朝礼等従業員が集まる場で挙手や拍手で選べばよいのです。
実務的によく採用されている選出方法は，一応立候補をつのり（実際には，よいと思われる人に「立候補してね」とウラで声をかけておくのですが），その後「○○君が36協定の従業員代表になってもよいと立候補しています。異議のある場合には○○日まで申し出てください。異議がなければ選任されたものとします」ということを他の従業員に書面やメールで通知しておくという方法です。
それに異議を唱える人が半分未満であれば，過半数の従業員の信任を得たことになります。

なお,「ちゃんとした選挙が必要だ」なんてことを主張する労働者側弁護士等もいますが,法律上そんなことは義務付けられていません（もちろん選挙をやるのが最善でしょうが……）。

コンサル型弁護士のアドバイス

　36協定や従業員代表の選出と聞いて,「面倒だなあ」と思われる方もいると思います。
　しかし,残業に関する取決めは非常に重要です。36協定には残業の限度時間（例えば1か月の残業限度時間45時間, 1年で360時間等）も記載することになります。<u>36協定を締結する都度,もっと残業時間を短縮できないか等,社内の残業体制を見直すきっかけとしてほしい</u>と思います。

7 管理職にすれば残業代不要か？

よくあるご質問

わが社では課長以上は管理職となって残業代を出していませんが，問題ありませんか？

一般的回答

管理職と管理監督者の違い

会社の中で管理業務を行う人を管理職といいます。課長以上を管理職としている会社もあれば，部長以上を管理職としている会社もあります。

どの程度の役職以上を管理職とするのかは，組織のあり方の問題であって，各会社が自由に決めることができます。

誤解してはならないのは，誰を管理職とするかという組織のあり方の問題と，残業代の問題は別だということです。

「管理職にすれば残業代を支払う必要はない」と思っている方が多いのですが，これは大きな誤解です。

<u>会社が「管理職」というラベルを貼れば，残業代不要になるという単純なものではありません</u>（そうであれば，会社としてはラクなのですが……）。

組織としての「管理職」であっても，<u>法律上の管理監督者の</u>

要件を満たさなければ，残業代の支払いが必要なのです。

管理監督者の要件は？

では，どんな要件を満たせば，法律上の管理監督者となるのでしょうか？

行政（労働基準監督署）には細かい通達が複数あるのですが，大雑把にいうと

① 当該事業場において，一定の権限があること
② 一般職よりも賃金面で優遇されていること
③ 遅刻早退で賃金カットされていないこと

という要件を備えているかどうかで判断されます。

ただし，監督官によって微妙に判断基準が異なりますし，特に，残業時間があまりに長い場合には，厳しく指導される傾向があります。

いずれにしても，「部長」とか「次長」とかいう肩書きをつければ管理監督者になるという単純なものではないことは押さえておいてください。

行政（労働基準監督署）より裁判所のほうが厳しい

以上の要件を満たしておけば，労働基準監督署の調査（労働基準監督署は時々会社に調査に入っていろいろ調べて，「ここを改善しろ」と指導します）には耐えることができます。

しかし，労働基準監督署の調査がすべてではありません。
最近は会社を辞めた元管理職の人などが，「自分は管理職と

いうことで残業代を払ってもらっていなかったけれども，実は管理職といっても何の実体もなかったから，本物の管理職ではない。だから残業代を払え」ということで裁判を起こしてくる人も激増しています。この場合，法律上の管理監督者かどうかは，裁判所が判断することになります。この時の基準は行政（労働基準監督署）の基準とはまた異なります。<u>行政（労働基準監督署）と裁判所は全く別の組織なので，法律上の管理監督者かどうかの判断基準もバラバラ</u>なのです（ややこしいですね）。

よく「昨年ウチの会社に労働基準監督者が調査に来たけど，管理職については特に問題ないと言っていた」ということで安心しきっている会社があります。こういう認識が一番危険です。

行政（労働基準監督署）の世界でお墨付きを得たしても，それは司法（裁判所）のお墨付きを得たことにはなりません。

「名ばかり管理職」だと主張する従業員が裁判を起こしてくれば，敗訴する危険が残っているのです。

司法（裁判所）に，「先日調査に来た労働基準監督署の監督官はこんなことを言っていた」といくら言ってみたところで，「それは行政の話なのでウチには関係ありません」と言われるだけです。

<u>一般的に裁判所の基準は，行政（労働基準監督署）の基準よりも厳しく，なかなか法律上の管理監督者として認められない</u>といわれています。

裁判例の中には，
① 企業全体の経営方針に関与する程度の職務と権限を有していること
② 一般職よりもはるかに高い賃金をもらっていること（年収44万円程多いという程度では不十分）
③ 8時間以上の労働を余儀なくされない等労働時間に自由裁量性があること
という3つの要件を要求する裁判例もあります。
　この裁判例は理論的に誤っていると私は思います。しかし，最近の有力な裁判所の判決ですので，完全に無視することはできません。

　この判決と同様の判決が出る危険性もまだ残っています。
　このような基準を当てはめられれば，わが国の中小零細企業は全滅です。
　要件を満たすのは社長だけ，あとの「管理職」全員が「名ばかり管理職」という中小零細企業が多いのではないでしょうか？
　役員でも「名ばかり管理職」とされている裁判例もあるくらいです。
　現在の裁判例は現実を全く無視する傾向があり，誤っていると思います。

　しかし，裁判例の傾向を修正するには一定の時間がかかります。

7　管理職にすれば残業代不要か？

　もう少し緩く（現実的に）管理監督者を認める裁判例が定着するまでは、「裁判となれば、かなり会社側は不利」と言う前提で対策を講じておくことが必要です。

会社としての対処法

　では、会社としては何をすればよいのでしょうか。次のような対応が考えられます。

　まず、裁判を起こされても絶対勝てるように管理職の取扱いを徹底的に改めるという方法が考えられます。一番真面目な方法かもしれません。

　しかし、前述のように、裁判所は管理監督者の要件について非常に厳しいことを言っています。裁判所の傾向は、急には変わりません。

　前述のマクドナルド判決のように、以下の要件を3つともクリアしろと言われるとどうでしょう？
　全管理職の方について経営方針に関与させ、一般職よりもはるかに高い賃金に設定し、8時間以上の労働を余儀なくされないようにすれば、仮にマクドナルド判決のような厳しい基準で判断されたとしても、絶対に「管理監督者」になるでしょうが、明らかに非現実的です。

そこで，管理職にも残業代を出すという考え方も出てきます。
　しかし，そのまま残業代を払うとなると人件費が膨れ上がり，中小零細企業の場合，不可能な対応となります。

　そこで，賃金体系自体を変更し，賃金の一部を残業代と振り替えるという方法が考えられます。よくあるのは，管理職手当の一部を残業代とするという方法です。

　管理職手当というのは，責任相応の手当という趣旨以外にも，残業代が出なくなるのでそれを補填するという趣旨が含まれています。
　例えば，従前管理職手当として5万円支給していたものを，3万円の役職手当と2万円の定額残業代に変更し，2万円を残業代として払っているという形にするのです。つまり，定額残業代という形をとるわけです。
　そうすれば万一訴訟を起こされたとしても，払わないといけない残業代は少なくなり，被害を最小限で食い止めることができます。

　ただし，このためには賃金規定を変更する必要があります。さらに，変更の趣旨をきっちり説明して，従業員の同意書をとることが必要となります。

コンサル型弁護士のアドバイス

賃金体系の変更について従業員の同意を取るコツ

　賃金体系を変更して，管理職手当の一部を残業代とするという方法をとる場合は，従業員の同意が必要です。

　しかし，従業員から見れば，これは単に従前の賃金体系のラベルの貼り替えであって，何もメリットがありません。
　気持ちよく同意しない従業員がいるかもしれません。

　したがって，従業員の同意を得る際には，従業員にも何らかのメリットがあるよう，「お土産」を用意することが肝要です。若干でも手当を増額するという方法もあるでしょうし，従業員のかねての不満を少しでも解消する施策をセットで実施するというのも「お土産」になります。

管理職の不満を解消する施策の重要性

　法律的な施策ではありませんが，実は一番重要なトラブル予防法がこれです。
　自分が「名ばかり管理職だ」と思っている管理職でも，全員が全員裁判をするわけではありません。
　満足して働いておれば，会社とトラブルを起こそうと考える管理職などいません。

したがって，現場の管理職がどのような不満を持っているのかをよく掌握し，それを少しでも改善する方向で努力する。努力する姿勢を見せることによって管理職の不満のガス抜きをしていくことが一番重要となります。
　例えば，管理職の労働時間が長い場合には，できるだけ業務を効率化して早く帰れるようにする，休みを多くとれるようにする等の工夫が必要でしょう。
　また，権限を増やす（裁量の範囲を増やす）というのも１つの工夫です。
　賃金が同じでも裁量の範囲が増えれば，従業員の満足度が高まります。

　「トラブルを防止する場合，法律的な施策と，人事労務的な施策は車の両輪です」と私はいつもクライアントに申し上げています。人事労務的な施策だけでは，法律的に弱いですし，法律的な施策だけだとギスギスし，かえって紛争になるのです。この点は決して忘れてはなりません。

8 営業担当者には残業代は不要か？

よくあるご質問

営業担当者にも残業代を払う必要があるのでしょうか？

一般的な回答

営業担当者には残業代は不要と思っている方はよくいます。
「営業担当者は成果が出たかどうかが勝負だ。長時間働いたかどうかなんて関係ない」
「営業担当者に残業代は出ない。俺が若いころはみんなそうだった」
と言う経営者の方がたくさんいます。

しかし，営業担当者なら残業代は不要という単純なものではありません。
正確に言えば，事業場外労働という要件を満たす営業担当者の場合には，労働時間どおりの残業代を払う必要はない，ということになります。

事業場外労働とは

事業場外労働とは何でしょうか？

働いた時間が長ければ残業代を払うというのが，法律の大原則です。

しかし，例外がいくつかあります。その1つが事業場外労働です。

事業場外労働というのは，職場の外で働いていて「何時から何時までどういう仕事をしているのか，会社としてもわからない」場合は，実際の働いた時間にかかわらず，「所定労働時間働いたものとみなす」とか「労使協定の時間労働したものとみなす」としてしまう制度です。

実際の労働時間を無視して，ざっくりとした労働時間（みなし労働時間）で処理することが可能です。

営業担当者について，事業場外労働の制度が使えるなら，サービス残業の問題はあまり生じません。

「9時間働いたものとみなす」としているのであれば，仮に9時間以上働いた日があったとしても，9時間分の賃金を払えば足りるからです（厳密には，内勤している時間については別途把握して賃金を払わないといけないという議論はありますが，細かい議論なので省略します）。

営業担当者であれば，当然に事業場外労働となるのか？

しかし，営業担当者であっても，当然にこの事業場外労働という制度を利用できるとは限りません。何事にも「要件」があ

るのです。

　事業場外労働という制度を利用するためには、「労働時間を算定し難い」という要件を満たす必要があります。

　実際の労働時間を算定しようと思っても現実問題として算定できない、という事情が必要なのです。

　例えば、営業担当者であっても、次のような場合には、労働時間を算定できるから、事業場外労働という制度は利用できません（行政である労働基準監督署の基準です）。
1. 何人かのグループで事業場外労働に従事し、そのメンバーの中に労働時間の管理をする者がいる場合
　　例：グループで外回り、展示会等に従事しており、メンバーの中に上司がいる
2. 無線や携帯電話等によっていつでも連絡がとれる状態にあり、随時使用者の指示を受けながら労働している場合
　　例：携帯電話等で、指示を仰ぎながら外回り等の仕事をしている（単に携帯電話を持っているだけでは、これには該当しないと考えます）
3. 事業場において、訪問先、帰社時刻等当日の業務の具体的指示を受けたのち、事業場外で指示どおりに業務に従事し、その後事業場に戻る場合
　　例：まず会社で当日のスケジュールを決めてから外回りに出ている、帰ってから「何時から何時まで○○をしていた」という報告書を提出している

また，営業の予定表を会社に提出していたこと，携帯電話で外回りの状況を報告させていたこと等から，実際の労働時間を把握することが可能として，事業場外労働の制度は使えないと判断した裁判例もあります。

　こういう場合は，実際の労働時間を把握することが可能ですので，事業場外労働という制度を使うことができません。通常の従業員と同じように，労働時間に応じて賃金を支払わないといけません。

会社としての対処法

　一般論として言えば，営業担当者をきちんと管理すればするほど労働時間を算定しやすくなりますので，事業場外労働は認められにくくなります。

　逆に，営業担当者の管理を緩くすれば，事業場外労働は認められやすくなります（何か変ですが……）。

　具体的には

① 　直行直帰を原則とする

② 　タイムカードを廃止する

③ 　報告書等には時間を一切記載しない

等，営業担当者の管理を緩くする運用を行えば，事業場外労働が認められる可能性が大きくなります。

　営業担当者の管理を緩くして事業場外労働が認められやすくなるように努力するか（残業代を節約することを重視するか），事業場外労働の適用を諦めてでも営業担当者の管理を厳しくするか（営業担当者の厳格管理を重視するか），どちらか二者択

一で検討することをおすすめします。

歩合給の割合を増やすことによって残業代を抑える方法

なお、固定給を減らして歩合給を増やすことによって残業代を節約するという方法もあります。

歩合給にも残業代が発生するのですが、計算の仕方が異なり、固定給の場合よりも残業代が安くなります。

ただし、賃金体系を変更する場合には、必ず賃金規定を変更し、その点に関する同意書をとっておく必要があります。

定額残業代

営業担当者には営業手当等、何らかの手当が支払われています。

この趣旨は、「営業担当者には残業代が出ないから、残業代を補填する」ために支払っていると思います。

そうであれば、営業手当（手当の名称は何でもよいですが）は残業代を補填する趣旨として支払うんだ、ということをはっきりさせておくという方法もあります。

そうすれば、総額人件費は今のままで、残業代を払っていることとなります。これはいわゆる定額残業代というやり方です。

ただし、賃金体系を変更する場合には、必ず賃金規定を変更し、その点に関する同意書をとっておく必要があります。

コンサル型弁護士のアドバイス

賃金体系の変更について従業員の同意を取るコツ

前述のように，賃金体系を変更して，歩合給の割合を増やしたり，営業手当（の一部）を残業代とするという方法をとる場合は，従業員の同意が必要です。

しかし，気持ちよく同意しない従業員がいるかもしれません。

従業員の同意を得る際には，従業員にも何らかのメリットがあるよう，「お土産」を用意することが肝要です。若干でも手当を増額するという方法もあります。従業員のかねての不満を少しでも解消する施策をセットで実施するという方法も有効です。

営業担当者の不満を解消する施策の重要性

法律的な施策ではありませんが，実は一番有効なトラブル予防法がこれです。

法律的にはサービス残業が生じていたとしても，全員が全員裁判をするわけではありません。

営業担当者が満足して働いていれば，会社とトラブルを起こそうと考えません。

したがって，現場の営業担当者がどのような不満を持っているのかをよく掌握し，それを少しでも改善する方向で努力する。その努力の姿勢を見せることによって営業担当者の不満のガス

<u>を抜いてあげることが一番重要</u>となります。

　例えば，ノルマが厳しすぎるのであれば，ノルマの数値目標を少し緩和する，ノルマ目標の設定方法を変更する（売上だけではなく，訪問件数等の努力自体や顧客からの評判等も評価対象とする等）という方法も考えられます。

　また，毎日毎日報告書の記載が大変という不満がある場合，思い切ってそれを簡略化して少しでも早く帰れるように業務を効率化する等の工夫もあり得ます。

　営業成績の悪い従業員を叱責して辞めさせるという強行な方法を改めて，営業成績が悪い場合には再教育して少し様子を見るという温和な方法を導入するだけで，労使トラブルが激減したという例もあります。

　私はいつもクライアントに申し上げていることがあります。<u>トラブルを防止する場合，法律的な施策と，人事労務的な施策は車の両輪です。人事労務的な施策だけでは，法律的に不安ですし，法律的な施策だけだとギスギスし，かえって紛争が増える</u>ことになりかねません。

9 年俸制の場合には残業代不要か？

よくあるご質問

年俸制の場合には残業代を払う必要はないのですか？

一般的な回答

年俸制であれば残業代が不要というのは完全な誤解

年俸制の場合には「残業代が込みだから，残業代は払わなくてよい」と考えている人は非常に多くいますが，結論から言えば全くの誤解です。

年俸制というのは賃金を年単位で決定するという賃金制度です。「あなたの今年の年俸は600万円です」という制度です。
年俸制であれば残業代不要という規定はどこにもありません。

年俸制というのは上位職や専門職の方に適用することが多く，上位職であれば管理監督者に該当する可能性があります。
その場合には結果的に残業代の支払いは不要となります。
同様に専門職の方の場合には，裁量労働制という制度が適用できます。その場合，実際の労働時間に基づく残業代を払う必要はありません。

ただ，これらは，年俸制だから生じる効果ではなく，管理監督者に該当したり，裁量労働制の適用があることによって生じる効果なのです。

　年俸制というのは単なる賃金の決定方法にすぎません。年俸制であるというだけで当然に残業代が不要となるわけではないのです。

年俸の中に残業代が含まれると考えることはできるか

　年俸の中に残業代が含まれていると考えることはできるのでしょうか？

　しかし，もしそのように言いたいのであれば，残業代部分の金額と本当の年俸の金額を明確に区分しておくことが必要です（定額残業代の項目p.28をご参照ください）。

　例えば，年俸700万円で，100万円は残業代を補填する趣旨で支払うという制度にして，そのことを賃金規定や契約書に明記し，従業員の同意書をとっておく必要があります。

10 代休と休日振替

よくあるご質問

代休をとらせれば，休日割増手当の支払いは不要となりますか？

一般的回答

よくある例

以前次のような相談がありました。

とある中小企業の社長さんからの相談です。

「休日出勤は嫌だと文句を言ってきた従業員がいたので怒ったところ，『休日出勤しても休日割増賃金が出ないのは問題じゃないですか』と言って逆切れして言い合いになったんです。うちは休日出勤の場合，代休を取らせている。先代の時代からそうしている。だから休日割増賃金なんて払う必要はないんだと説明したんですが……。従業員の抗議はおかしいですよね？」

気持ちはわかります。

でも，法律的に社長の言い分は通ると思いますか？

休日出勤手当と代休

休日出勤した後に代休を与えれば，休日出勤したことになりません。したがって，休日割増賃金（135％）は払う必要はないと考えている会社は多くあります。

しかし，これは誤解です。
休日出勤したという事実を事後的に消すことはできません。代休を与えても同じなのです。
いったん休日出勤させた以上，その時点で休日出勤手当が発生します。

休日割増手当を支払いたくないのであれば，事前に休日を変更し，そもそも休日出勤にならないようにする必要があるのです。「事前に」という点が重要であり，これを休日振替といいます（ただし，休日を振り替えたことによって週の労働時間が長くなれば，125％の通常残業代が発生する可能性はあります）。

なお，休日振替を実施するためには，きちんと就業規則上にその根拠を規定しておく必要があります。規定がなければ，都度従業員の同意を得て休日を変更する必要があります。

休日割増賃金について

なお，参考までに休日割増賃金の説明をしておきます。
休日に出勤を命じた場合，135％の割増賃金を払う必要があります。

ただ，休日は厳密に言うと2種類あります。
　1週1日（4週4日）は必ず休日を与える必要があり，これを法定休日といいます。それ以外の休日は，会社が「おまけ」として従業員に与えている休日であり（法律的には与えなくてもよい休日），これを所定休日といいます。

　<u>実は休日出勤として135％の割増賃金を払う義務があるのは法定休日だけ</u>なのです。実際には，法定休日と所定休日を区別せずに，休日には135％の賃金を支払っている会社が多くあります。法律的には所定休日に135％の休日割増賃金を払う必要はありません（ただし，所定休日に働いたことによって労働時間が週40時間以上となれば，通常の125％の割増賃金を支払わなければなりません）。

　このお話をすると，「そうか。これから休日割増賃金を節約するため，所定休日には135％の休日割増賃金を支払うのを止めよう」と考える方が多くいますが，注意が必要です。

　今まで所定休日にも135％の休日割増賃金を払っていたのであれば，従業員から見ればそれが「権利」となっています。その場合，会社が一方的にその取扱いを止めると問題となるのです。
　法律どおりの労働条件に戻すだけであっても，現在の労働条件よりは不利になる以上，賃金制度変更には必ず従業員の同意をとる必要があります。

11 30日前に予告すれば解雇できるのか？（問題社員の解雇）

よくあるご質問

30日前に予告するか，30日分の給料を払えば解雇できますか？

一般的回答

よくある例

人を雇っていると，いろいろなことがあります。

例えば，いつまで経っても仕事を覚えずミスを繰り返す社員とか，言い訳ばかりをして指示に従わない社員に悩まされている会社がたくさんあります。

注意をすることで本人が自主的に退職すればよいのですが，辞めない場合には解雇を検討します。

この解雇についてですが，「30日前に予告するか，30日分の賃金を払えば解雇できる」と考えている人が非常に多くいます。これは正しいでしょうか？

解雇予告をしても解雇が有効になるとは限らない

確かに，解雇をするときには，解雇予告（30日前の予告か，30日分の予告手当の支払い）が必要です（除外認定という例外がありますが，あまり認められませんので説明は省略します）。

これは労働基準法で決まっています。

「30日前」とか「30日分」という数字は人の頭に残りやすいので、多くの人が知っています。

しかし、解雇予告という手続きを踏めば自動的に解雇が有効になるわけではありません。わかりやすく言えば、受験で合格するためには受験申込み（解雇予告）という手続きが必要ですが、申込み手続きをすれば合格（解雇有効）するわけではない、というのと同じです。

解雇において重要なのは、解雇予告という手続きではなく、解雇が有効なのかどうかという中身が問題なのです。

解雇が有効かどうかは、労働基準法にはなく、労働契約法という法律で判断します。簡単に言えば、解雇が権利の濫用といえるかどうかで解雇が有効かどうかが決まるのです。

「権利の濫用といえるか否か」というのは、具体的にはどういうことでしょうか。

これさえ注意すれば権利の濫用とならない、といった形式的で画一的な基準はないのか、という質問をよく受けます。残念ながら、そんなものは存在しません。

結局、個々の事案ごとに判断するしかありません。はっきりした基準がないので、非常に多くの紛争が発生します。

解雇された従業員は、「こんな程度の軽いミスをしただけで解雇するのは解雇権の濫用だ」と主張します。経営者は「こんなミスをするような従業員は解雇して当然であって、解雇権の

11 30日前に予告すれば解雇できるのか？(問題社員の解雇)

濫用ではない」と主張します。

決着がつかない場合はどうするのでしょうか？ 結局，裁判となって裁判官が解雇権の濫用か否かを判断することとなるのです。

そのような理由で，解雇権の濫用かどうかが争われた裁判例は非常に多く，本に載ってない判決も含めれば，数え切れないほどの判決が存在します。

ただ，多くの裁判例が存在する，ということは多くの判断のヒントが存在するということです。過去の裁判例等を数多く分析しますと（我々のように労働法を専門分野とする弁護士は日常的に過去の判例を分析することをしているわけですが……），裁判官はどのような点に着目して「解雇権の濫用か否か」を判断しているのか，その傾向がわかってきます。

<u>裁判官が解雇権の濫用か否かを判断する際によく重視するファクターを抽出すると次の表のようになります。</u>

なお，解雇にもいろいろな理由の解雇があります。次の表はいわゆる問題社員（能力不足の社員や反抗的な社員）を解雇することを前提としたものであることに留意してください。

1．解雇する前に，配転や職種の変更等で様子を見たか？

　「能力不足だ，ミスが多い」といっても，仕事や上司とのソリが合わずに能力を発揮できないという可能性もあります。

　「そうではない，この従業員は本当に能力不足なんです，とてもうちの会社で面倒見れません」ということを裁判官に納得してもらうためには，「配転もしましたし，職種の変更もしました。いろいろ試しましたが，どこに配属しても，何をやらせてもダメなんです」と説明できれば，説得できます。

　ですから，解雇する前に配転や職種の変更等をして様子を見ることが重要です。

　もちろん，小さな会社では，配転や職種の変更なんて現実的には無理という場合もあるでしょう。そのような場合には，「うちの会社は事業所が１つしかありません。ですから上司や勤務先を変えるということは不可能です」と説明すればいいわけです。裁判官も不可能を強いません。

　逆に言えば，配転や職種の変更が現実的に可能であるにもかかわらず，それを一切検討しないで，いきなり解雇だと主張しても，裁判官から「解雇権の濫用じゃないですか」と言われる可能性が高くなります。

2．会社側に落ち度はないのか？
　従業員のミス等について，会社にも責任があれば，従業員だけにその責任を押し付けるのは「解雇権の濫用だ」と言われる可能性が高くなります。
【例】・　従業員がミスをしたのは事実だが，会社の教育も不十分である
　　　・　従業員が上司の指示に従っていないのは事実だが，上司の指示自体不明確であることにも責任の一端がある
　　　・　従業員がミスをしたのは事実だが，この業務には熟練が必要であって，最初の頃の失敗はやむを得ない
　　　・　ミスが多いのは，休みもとれない過剰なシフト，毎日の長時間労働にも原因がある
　以上のようなことを言われる可能性がないのか，会社側にはスキがないのか，解雇の前に今一度チェックしておく必要があります。

3．新卒なのか，即戦力として中途採用されたベテランか？
　新卒の従業員の場合，「真っ白な状態から会社が教育・指導をして一人前にするべきだ，それが従業員を採用した会社の責任だろう」と裁判官は考えています。したがって，新卒の従業員について「ミスが多い」等の理由で解雇する場合には，「会社としては，一生懸命教育・指導をしたんです。何度努力してもダメな奴なんです」ということを資料を添えて相当丁寧に説明しないと，「解雇権の濫用だ」と言われやすくなります。
　他方，即戦力として中途採用されたベテランについては，そこまで丁寧な教育・指導は求められません。その人の職歴・経歴から見て，「当然そんなことはできるはずだ」ということができないのであれば，能力不足として解雇できる可能性があります。

4．勤続年数

　勤続年数が長いということは，長年解雇されなかったということですから，「その従業員の基本的な能力には問題がないはず」と推定します（少なくとも裁判官はそのように見ます）。勤続年数が長い従業員を「能力不足で全く使い物にならないんです」として解雇しようとしても，「じゃあ，何で今まで30年解雇したり，懲戒処分していないのですか？　能力不足だという会社の主張は信用できない」と言われるわけです。

　したがって，勤続年数の長い従業員を能力不足だとして解雇するためには，いつ頃から問題が出てきて，会社としてはどのような対応をしていたのか，十分な教育・指導をしていたのか，ということを通常以上に丁寧にやっておく必要があります。今まで何の対応もせず長年事態を放置しておいて，いきなり解雇しても，解雇権の濫用と判断される可能性が高いと言わざるをえません。

5．勤務態度不良の程度

　ミスが多い，態度が悪いといっても何事にも程度があります。実害が発生しており（例えば，顧客からクレームがあるとか，会社に金銭的損害が発生した等），しかもその程度が重い場合には，解雇が有効となる可能性が高まります。そうでない場合には，解雇権の濫用だと判断されるリスクが高まります。

6．問題発生の回数

　はじめてのミスの場合と，何回も何回も同種トラブルを繰り返している場合とでは，当然後者の方が解雇しやすくなります。

7. 問題点・問題行動について会社の指導があったのか？（イエローカード）

　実はこれが一番重要です。ミスが多い，問題社員だとしても，それを指摘し，改めるように教育・指導すべきだ，それが従業員を採用した会社の責任だ，というのがわが国の労働法の基本的な考え方です。

　その努力を十分にしたが，もはや改善の余地はない，という段階に至ってはじめて解雇が可能となります。会社がいくら従業員の問題点，ミスを列挙しても，それだけでは解雇は有効とはならないのです。裁判官は「従業員に問題があることはわかりました。ただ，会社は今までそれを改めさせるために，どのような教育・指導をしましたか？　その教育・指導は十分だったですか？　もはや教育・指導で改まる余地は一切ないんですか？」ということを詰めてきます。

　そのことを意識し，解雇する前には十分な教育・指導を行っておく必要があります。

　重大な非違行為（業務上横領，暴行・傷害事案等）でない限り，一発レッドカードは解雇無効となる可能性が高いといえます。

8. イエローカードについての本人の反応

　会社が問題点・問題行動について，日頃からきちんと従業員に教育・指導することが重要であることは，7．で説明したとおりです。

　この教育・指導をしたときの，従業員の反応も非常に重要です。すなわち，何とかよい従業員にしたいと考えて，上司が一生懸命教育・指導しているにもかかわらず，「自分のやり方で問題ない」「何で注意されないといけないのか」等と反発し，教育・指導を真面目に受け止めようとしない従業員もいます。そのような従業員は，教育・指導の効果が期待できないわけですから，解雇されても仕方がないと裁判官は考えます。

　逆に，教育・指導に対して「申し訳ございませんでした。おっしゃるとおりです。以後気を付けます」という態度に出る従業員の場合は，その後も同じミスを繰り返す等の事情がない限り，解雇権濫用だと言われやすくなります。

9. 他の従業員と不公平はないか？

　「同じようなミスをしているにもかかわらず，A君は全く注意されず，なぜ自分だけ解雇なのか」という主張はよく出てきます。裁判所という組織は「平等」を非常に重視しますので，そのような事情があれば，解雇権濫用と言われやすくなります。

　えこひいきせず，同じようなミスについては同じような処分を行う，常に処分の公平を意識することがとても大切です。

何故そんなに解雇が難しいのか？

　以上のとおり，解雇が有効となるためには，事前にいろいろな角度から検討を重ね，解雇権の濫用だと言われないための材料を準備しておく必要があります。

　それだけ日本においては，解雇は難しいということです。

　通常の人の感覚で言えば「そんな従業員は解雇されて当然」と思えるような悪質な事案であっても，裁判所で解雇無効とされるケースは多々あります。

　なぜでしょうか？

　裁判所が社会実態を理解していないと言えばそれまでなのですが，わが国では，一度採用した以上は定年まで雇用するのが大原則です。問題従業員の問題点を教育・指導するのは採用した企業の責任と考えられているからなのです。

　途中で解雇するというのは終身雇用制の大きな例外であって，解雇されてから再度就職先を捜すのも難しいですから（特に年齢が高い場合など），裁判所はそう簡単には解雇を認めないのです。

　私は解雇がとても難しいという現在の状況はおかしいと感じています。能力の低い社員や反抗的な従業員等，解雇されてしかるべき従業員を保護しすぎることは，他の大多数の真面目な従業員のモチベーションを下げることになるからです。

　ただ，残念ながら法律や裁判所の傾向はそんな短期間に変化するものではありません。

何の準備もせずに解雇して特に問題となっていない会社もあるが……

　以上のように，解雇が有効となるためには，いろいろなことを検討して準備しないといけないという話をすると，中には「そんなはずはない」「他の会社は簡単に従業員を解雇している。解雇は簡単にできるはずだ」と言う経営者もいます。

　しかし，それは法律的には解雇は無効なのです。従業員の多くはそれを知らないので，問題が表面化しないというにすぎません。
　犯罪をおかしても，見つからなければ捕まらないのと同じです。

　最近の従業員は非常に権利意識が強いです。
　法律的な検討をせずに安易な解雇をしたところ，解雇無効だとして労働組合に加入して解雇撤回を求めてくるというケースは日常茶飯事です。街宣車が毎日来て激しい労使紛争となるとか，労働者側弁護士に相談して訴訟等を提起してきて敗訴し，以後問題従業員が全く言うことを聞かなくなる（裁判をすれば解雇無効となるという経験に味をしめて，一層強烈なモンスター従業員化する）こともあります。
　そのような労使トラブルを経験してはじめて，「よく考えて解雇しないと，大変な目にあうことがわかりました」と言う経営者は非常に多くいます。

11　30日前に予告すれば解雇できるのか？（問題社員の解雇）

会社の将来の発展を目指すのであれば，専門家の知恵を借りながら慎重に解雇の準備を行い，無駄な紛争を回避する努力をするべきです。

コンサル型弁護士のアドバイス

先ほどの表は，「解雇の濫用と判断されないように材料を揃える」という観点から説明しましたが，よく内容を見ると，人事労務の観点からも重要なものばかりです。

問題のある従業員でも，簡単に解雇するのではなく，配転や職種の変更などのチャンスを与えることが必要です。上司も日頃からきちんと教育・指導を行うことにより，「採用した以上は従業員を育てる」「問題点が見られるのであればそれを改善するように最大限努力する」「従業員を大事にする」という印象を与え，他の従業員のモチベーション向上という効果があるのです。

反対に，会社がきちんと教育・指導を行った，p.64～68の表に書いてあるようなことはすべて十分に検討した，にもかかわらず一向に問題点が改善しない場合には，そのまま放置するのではなく，解雇に向けて動くことが必要です。

ここで甘すぎる対応をとることは，逆に真面目な従業員のモチベーションを下げることになります。

従業員は大切にするし，問題従業員にもチャンスは与えるが，本当にどうしようもない問題従業員の場合には毅然とした態度をとる，というメリハリの効いた対応が重要です。

12 部下の注意・指導とパワハラ

よくあるご質問

部下に注意・指導してパワハラ（パワーハラスメント）として違法となることはどのようなケースですか？

一般的回答

度を超すと違法となる

部下を注意・指導することは何ら問題ありません。それが上司・管理職の仕事ともいえるでしょう。

ただ，何事にも限度があり，度を超えた注意・指導をすると違法となって，慰謝料等の損害賠償請求を受けることがあります。

違法となる例

では，どのような場合に違法となるのでしょうか？　殴る・蹴る等の暴行を加えてはならないのは当然ですが，そうでなくても違法となることがあるのです。

例えば，保険会社の所長が部下の課長代理に対して，「意欲がない。やる気がないなら会社を辞めるべきです。営業所にとっても，会社にとっても損失そのものです。あなたの給料で

業務職が何人雇えると思いますか。あなたの仕事なら業務職でも数倍の業績をあげています」とのメールを送信し,同時に同じ職場の従業員数10名に対しても送信したことが違法だとされた例もあります。

　この事案は,最後の「同じ職場の従業員数10名に対しても送信した」という点が特に問題です。いわばみんながいる前で罵倒したようなものであり,問題点を叱責・指導したというより「恥をかかせた」という側面が強いからです。

　同様に,自衛隊の上司が部下に対して「お前は三曹だろ。三曹らしい仕事をしろよ」「お前は覚えが悪いな」「バカかお前は。三曹失格だ」などと厳しい注意をしたことが違法とされた例もあります。
　裁判所は,「個々の行為や技能について言われるに留まらず,地位階級に言及し,人格的非難を加えたものというほかない」と述べています。
　「個々の問題点をとらえて注意・指導するのは構わないが,当該人間のすべてを否定するのはやりすぎだ」ということです。「罪は憎んで人を憎まず」の気持ちで注意・指導することが大切です。

　なお,注意・指導の前に事実関係をよく把握することが大切です。部下にあまり責められるべき点がないにもかかわらず,厳しい注意・指導をすれば,それだけで違法と言われやすくな

ります。

何に注意すればよいか

　違法なパワハラと言われないために気をつけるべきポイントをまとめると以下のようになります。
1．暴力をふるわない。
　　つい手が出る熱血型の上司は要注意です。手を出したほうが悪くなります。
2．人格を非難しない。
　　「罪を憎んで人を憎まず」の精神で叱責・指導することが大切です。
3．別室で注意・指導する。
　　恥をかかせることが目的ではありません。本人のプライドが傷つかないように配慮しているということ自体が重要です。
4．メールではなく面談で指導する。
　　同じ内容を伝えるときでも，メールは直接的でインパクトが大きい場合があります。反応を見ながら話すことによって，インパクトを和らげることができます。
　　そもそも，部下を叱責・指導するのに，直接会話せずにメールで済まそうというのは，上司のコミュニケーション能力に問題があるのではないかという見解があります。その意味でも直接面談で指導すべきです。
5．注意・指導の後に心情を和らげるようなフォローを行う。
　　叱責・指導の後，飲み会の場等で「この前はきつく怒ったが，あれはお前に期待しているからだ。頑張ってほしい」と

フォローするというのが典型です。このような心遣いが重要です。
6．少し時間をおいてから冷静に注意・指導する。
　　上司の方が感情的にカッカしていると，単に怒鳴り散らすだけに終わり，注意・指導の効果は半減します。
　　冷静に効果的に注意・指導するためには，上司自身が冷静であることが必要です。「怒鳴りたい感情を押さえて，何が問題か，どのようにすればそれが改善されるのか，どのようにそれを伝えるのが効果的か等を頭の中で整理をしてから注意・指導するようにしている」という人もいますが，非常に効果的かと思います。
7．事実を確認するために事情聴取する。
　　注意・指導の前に，事実関係をよく確認し，本当に従業員が悪いのか否かを確認してから，叱責・指導する必要があります。

コンサル型弁護士のアドバイス

　最近は権利意識の強い従業員が増えています。
　中には少し注意しただけで「パワハラだ」「違法だ」と騒ぐような，たちの悪い従業員もいます。

　ですので，上司の中には面倒なことに巻き込まれたくないために，部下に問題があっても，注意・指導をしないで放置するという人がいます。

これは組織として非常に問題です。

<u>注意・指導しなければ，それは会社として認めたこととなり，次第に問題がエスカレートしていく</u>ものなのです。

部下への注意・指導がパワハラとなることがある，ということを知っておくべきですが，<u>萎縮する必要はありません。</u>

部下を注意・指導することは本来何ら問題ありません。それが上司・管理職の重要な仕事であるという原点を忘れないでください。

13 転勤命令

よくあるご質問

1　本人が嫌がっている場合，転勤を命じることはできますか？
2　本人から辞めると言わせるために，絶対嫌がる遠方への転勤を命じることは，可能ですか？

一般的回答

原　　則

　転勤については，本人に打診をして了解を得てから実施するのが一般的です。
　法律的にはどうでしょうか？　本人の了解は必要でしょうか？

　実は，法律的には，「本人が嫌だと言っていても，転勤を命じることができる」というのが原則なのです。
　なぜなら，普通は就業規則等に「転勤に応じなければならない」と明記しています。それがあれば，法律的には従業員は「転勤を命じられれば応じる」と同意したことになります（もちろん就業規則が従業員に周知されていること等，就業規則としての要件を満たしている必要があります）。

ただし，何事にも例外はあります。

次のような場合には，転勤に本人の了解が必要となります。

例外1　勤務地を限定して採用されている場合

　勤務地を限定して採用する場合，従業員も会社も，もともと転勤することを想定していません。会社として「転勤させません」と約束していることとなります。

　そのような場合は，当初の約束と違うわけですから，転勤してもらうには同意が必要となります。

　このような場合には，いくら就業規則に「転勤に応じなければならない」という内容があっても，会社はそれとは違う約束をしたこととなり，当初の約束が優先されるのです。

例外2　私生活・家庭生活上の不利益が大きい場合

　一般的に，転勤となれば私生活・家庭生活に何らかの不利益は出てきます。

　単に「単身赴任がきつい」「子供が小さい」「妻の仕事の都合」という程度であれば，一般的には不利益は大きくないと考えらており，転勤を命じることができます。

　例えば品川区に居住し，目黒区に通勤している従業員が，八王子への異動を拒否して懲戒解雇された事案があります。従業員は「通勤時間が長くなるので，3歳の幼児の保育園送迎ができなくなる」と主張していました。しかし，裁判所は「八王子

近辺に転居すればよく，八王子で保育園をみつけることが困難とも言えない」として，配転命令・懲戒解雇を有効としました。
「従業員として，そのくらいの不便は我慢しなさい」ということです。

ただし，不利益があまりにも大きい場合には，転勤を命じることはできません。

姫路工場から霞ヶ浦工場への転勤命令は無効であるとして従業員2名が会社を訴えた事案があります。

1人は妻が非定型精神病に罹患しており，家事を行うことが困難な状況でした。夫の肉体的精神的援助が必要であるから，単身赴任が困難であり，転居については症状悪化のおそれがあるという事情がありました。

もう1人は母が要介護状態にあり，妻1人でそれをこなすのは困難な状況でした。転居についても高齢者が新しい土地の生活に慣れるのは困難という事情がありました。

裁判所は，2人とも「不利益が大きい」として，転勤命令を無効と判断しました。

例外3　業務上の必要性がない場合

転勤は，「絶対この人でないとダメだ」というほどの理由は必要ありません。

「組織を活性化するための定期異動」という程度で十分です。

ただし，辞めさせる等，嫌がらせ目的で転勤を命じることは，当たり前ですが「業務上の必要性」は認められません。
　「辞めさせようとしており，拒否したら転勤を命じられた」「時期的にも場所的にも異例の転勤である」というような事情があれば，「嫌がらせのための転勤であって，業務上の必要性はない」と思われます。

コンサル型弁護士のアドバイス

　法律的には以上のとおりですが，人事労務的には，可能な限り従業員の家庭事情を配慮したほうが，長期的には従業員のモチベーション向上につながり，優秀な人材の維持・獲得につながります。

　特に，子育て時期の女性に配慮する企業はまだ少数です。この点に配慮すれば社会的評価も高まります。さらに，優秀な女性社員獲得・維持においても強みとなります。
　子供の年齢を勘案して配転時期，場所を調整するとか，勤務時間について配慮するとか，保育所を紹介するといったきめ細やかな配慮が重要となります。

14 人事考課

よくあるご質問

人事考課によって，賞与の額や昇給に格差をつけようと思っているのですが，人事考課制度について注意すべき点はありますか？

一般的回答

人事考課について不満を持っている従業員は多い

上司が部下の働きぶりを見て，評価するという制度を導入している会社はたくさんあります。

しかし，人事考課制度について不満を持っている従業員も多くいます。

「評価は恣意的だ」「上司の当たり外れが大きい。厳しい上司だと不利だ」「上司が個人的な好き嫌いで判断している」といった愚痴をこぼしている人は多くいます。

評価に関するトラブル

単に愚痴をこぼすだけではなく，実際に裁判にまで発展しているケースもあります。

例えば，特別手当の業績査定等においてＤ評価（期待し要求

する程度を下回る）だった従業員が，「評価は不当だ，せめてC評価（期待し要求する程度であった）だ」として争った事案もあります。

　裁判所は，「人事評価というのは，基本的には会社の判断が尊重されるべきだ」として，当該従業員の具体的不都合行為を指摘しました。結論的に「D評価が著しく不合理とは言えない」と判断し，会社が勝ちました。

　この事案では，会社が当該従業員がD評価であることについて，「具体的不都合行為」を説明できたという点がポイントです。

　逆に言えば，裁判所から「なぜD評価なんですか？」と聞かれて，具体的なことを何も挙げることができないようでは，会社が敗訴します。

　抽象的に「協調性がないんです」「とにかく能力がないんです」「みんな問題だって言っています」という程度ではダメです。具体的に何月何日にどのようなことがあって，誰がどのような指導をして，その結果どうだったのか，そのようなことがあったからこの評価項目では平均以下の点数しか付けることができないのだ，と説明できなければなりません。

　ＵＳＧＡＢＣＤの評価でＣであった従業員が，考課が不合理であるとしてＧであることの確認等を求めた事案もあります。

　裁判所は，「主要業務目標は客観的な数値で設定されているから，考課者の主観が入りにくい」「自分で合意した主要業務目標を達成できなかったから，Ｃ評価という判断も合理的だ」

と判断し,結論的に会社は勝ちました。

この裁判例にも参考になるヒントがあります。まず,評価の基準というのがしっかりしており,できるだけ考課者の主観を排除できるような制度であることが重要です。

本人と面談して目標を設定し,それを達成できたかどうかという観点から評価をするという制度も有効です。

評価制度についての注意点

以上のような裁判例をふまえ,評価制度の留意点を列挙すると以下のようになります。

1. 考課者の主観が入りにくいような制度にする。

    評価の基準を明確に設定する,評価者研修を行う,複数の上司が評価内容をチェックしてバラツキを修正する等の配慮が重要となります。

2. 本人と面談する。

    上司が一方的に従業員を評価するという会社が多いようですが,あまり好ましくありません。

    会社としてはどのような点を重視しているのかという点もある程度開示したうえで,何がどのように問題なのか,その問題を改善するには何をどうすればよいのか,目標は達成できたのか,次の目標はどういう目標にするのかといった対話をしながら評価をすることが重要となります。

3. 評価の根拠を記録する。

    この時こういうことがあった,だからこの従業員はこうなんだ,というふうに,評価には必ず根拠となる事実関係があ

ります。

　特に，評価を悪くする場合にトラブルとなることが多いです。だから，通常よりも低い評価をする場合には，必ず何を根拠にそのような低い評価をするのか，その根拠をできるだけ具体的に記録しておく必要があります（上司のメモでも結構です）。

コンサル型弁護士のアドバイス

　非常に詳細で細かい評価制度をつくっている会社もよくあります。
　例えば，「協調性」の評価基準が10段階に分かれていることもあります。

　しかし，評価制度は細かければ細かいほどよいというものではありません。
　また，大企業の例をそのまま使っても絶対にうまくいきません。
　<u>実際に評価を担当する現場の上司が使いこなせるような評価制度でないと意味がないのです。</u>

　「協調性」で10段階に分かれている場合，どういう場合が6でどういう場合が7なのか，評価者である現場の上司はきちんと説明できるでしょうか？
　もしできないようであれば，評価制度は意味がありません。

「恣意的だ」「いい加減だ」ということで，かえって従業員のモチベーションを下げる原因になるのです。

　本当に会社によって重要な評価項目をいくつかピックアップして，それぞれについて「平均的なのか」「劣るのか」「優秀なのか」を3段階くらいで評価するという程度で十分な会社も多いはずです。
　つまり，<u>身の丈に応じた評価制度が重要</u>だということです。

15 退職の説得

よくあるご質問

能力の低い社員がいるので、退職するように説得する必要があります。

何か気をつけることはありませんか？

一般的回答

辞めるように言っても問題ないか？

辞めるとも何とも言っていない従業員に対して、「辞めたらどうか」と働きかけること（これを法律的には「退職勧奨」といいます。退職をすすめるという意味です）は、法律的に問題となることはないのが原則です。

「辞めたらどうか」というのは、別に辞めることを強要しているわけではありません。辞めるかどうかは従業員の自由です。

言われた方は嫌な感じがするかもしれませんが、法律的には何の問題もありません。

違法となることもある

ただ、何事にも例外があります。退職勧奨もやりすぎると違法といわれることもあります。

どんな場合に違法と言われるのでしょうか？

実際の裁判事例があります。

　私立高校の教員が無断欠勤をした事案です。学校側（校務主任）は「このままでは懲戒解雇に該当してしまう。将来に汚点を残さぬよう依願退職によって懲戒を免れることを考えてみたらどうか。退職届を提出したほうがよい」と強くこの教員に迫りました。

　教員は，校務主任から説得されて，「確かに懲戒解雇されると汚点が残る。意思には反するが依願退職せざるを得ない」と考えて，「一身上の都合により退職致したく存じます。10年の永きにわたりお世話になり，本当にありがとうございました」という文面の退職願を提出しました。

　しかし，やはり納得できないと思ったので，その退職願を撤回したという事案です。

　自分で退職願を出しているのですが，撤回は認められるでしょうか。皆さんはどう思われますか？

　結論から言えば，裁判所は撤回を認めました。退職願はそもそも無効だと言ったのです。

　なぜでしょうか？

　裁判所の理屈はこうです。

　「本件程度では懲戒解雇にはできない。にもかかわらず校務主任は『懲戒解雇になる』と言って教員を脅しました。教員も，退職願を出さないと懲戒解雇になると誤解して退職願を提出しました。懲戒解雇になると誤解して退職願を書いたのですから，

そんな退職願は無効だ」ということです。

　特に不始末をした従業員に対して退職を迫るような場合は，つい「懲戒解雇よりはましだろう」とか「退職しないと懲戒解雇になるよ」と言って退職を迫ってしまいます。
　そのほうが説得しやすいからです。
　でも，そのような説得をした場合には，「本当にその事案で懲戒解雇できるのか？　法律的にはどうなのか？」ということを裁判所の目で判断します。「そんな程度では懲戒解雇にはできない」，それは騙して退職を迫ったこととなります（本当は懲戒解雇なんてできないのに，あたかも懲戒解雇できるかのように装って説得したことになります）。そうなると，退職届け自体が無効となってしまうのです。

　教訓として言えば，「脅しに頼って退職勧奨するのは危険」ということです。
　退職を迫るのであれば，なぜ退職を迫るのか，その理由を正々堂々と正面から説明したうえで説得するのが王道です。

あまりにしつこすぎる場合も違法となる
　何回も何回も，繰り返し退職を迫る，というのも違法となります。「いじめ」として受け取られるからです。

　これも実際に問題となった学校の先生の事案です。高校の先生を退職させるため，教育委員会への出頭を命じたうえで，1

回20分から２時間超にわたって，６名の担当者が１人ないし４人で，短期間に多数回（11～13回）にわたって「あなたが辞めたら２，３人は雇えます」などと退職勧奨したという事案です。

裁判所は，これは「回数等が執拗にすぎる」として，違法と判断しました。つまり退職勧奨も度が過ぎると違法となります。

<u>「何回くらいまではセーフですか」といった質問を受けます</u>が，そんな形式的で画一的な基準はありません。法律というのは，「種々の事情を総合的に考慮して」判断されるものなのです。

ただ，私はいつもクライアントに対しては<u>「はっきりと拒否されれば，その後同じように説得するのは危険です」</u>とアドバイスしています。もちろん，一度はっきりと拒否された後であっても，新たな退職条件を提案するということであれば（例えば，「前回は退職金20％増という提案だったが，今回は30％まで出すこととなった」という提案をする場合であれば），もう一度説得を試みることは構いません。

コンサル型弁護士のアドバイス

人事労務というのは，最後は人間対人間の問題です。従業員が会社や上司に不満や恨みを持てば，当然トラブルが発生しやすくなります。

したがって，労使トラブルを防ぐ最良の方法は，「会社や上

司に不満や恨みを持たれないようにする」ということです。

その意味で<u>退職勧奨というのは，従業員のプライドを傷つけないようにすすめることが最大のポイント</u>です。

私も会社から依頼されて従業員と面談して退職勧奨を行うことがあります。一番気をつけているのは，「従業員のプライドを傷つけない」という点です。
事案にもよりますが，当該従業員のよい点にも言及し，「あなたに能力がないと言っているのではない」「すでに社長との関係が悪化しているので，このまま当社にいてもお互いギスギスするだけだと思いませんか？」「あなたの能力は○○のような会社の方が発揮できますよ」という言い方で説得するとうまくいきます（弁護士はこのあたり交渉のプロですから……）。

これを「おまえなんて何の能力もない，役立たずだ，とっとと辞めろ」と言って退職勧奨すると，当然相手からは強い反発が返ってきます。
辞めるどころか，強行な労働組合に加入して会社に対して正面から戦いを挑んでくる場合もあります。そうして労使紛争が泥沼化している会社は無数にあります。
仮に辞めたとしても，「サービス残業代の請求」として多額の残業代を請求してくることもあります。
また，そのような辞めさせ方を横で見ている他の従業員はどう思うでしょうか？

「うちの会社は従業員を虫けら程度にしか思っていない」と思われた段階で，モチベーションは下がります。結局は会社が弱体化してしまいます。

 退職勧奨する場合は，プライドを傷つけないように十分にご注意いただきたいと思います。

16 セクハラ

よくあるご質問

体のどの部分を触るとセクハラになるのですか？

一般的回答

よくある例

「体のどの部分を触るとセクハラになりますか」といった質問はよく受けます。

この質問については，「相手（多くは女性でしょう）が性的に不快だと感じることは，何でもセクハラになる」「触らなくてもセクハラになることがある」というのが正解です。

これさえ守っておれば，絶対にセクハラにならないという，形式的で画一的な基準でもあれば楽なのですが，そんなものは何もありません。

具体例を知って感覚を身につけることが必要

したがって，セクハラについては，具体例を知って感覚を身につけることが必要です。裁判でセクハラと認定されたケースを列挙すると次ページのとおりです。

1．歓送迎会や暑気払い会の集まりで、直属の上司が「結婚しろ」「子供を産め」「結婚しなくてもいいから子供を産め」と発言した。
2．土曜日に上司の自宅で行われたバーベキューパーティーで写真撮影をする際、膝の上に座らされたり、「不倫しよう」「色っぽいよ」と言われた。
3．懇親会で、男性職員に対して独身かどうかを尋ね、独身であることがわかると女性を指さして「うちにいいのがいるから」と発言した。
4．セクハラ被害の苦情を申し入れたが、担当者は全体として加害者を擁護する発言をし、何ら適切な対処をしなかった。

　これは、セクハラの直接の当事者ではなく、相談担当者にすぎませんが、その対応が悪いと（まともに取り合わない、どちらかの肩をもつ等）違法となることがあります。
5．滞在先のホテルの部屋で打ち合わせをしている際、ベッドの空いている部分を手で叩いた。

　そもそも、このような男女での泊まりの出張を認めていること自体、会社としての危機管理が甘いと言わざるを得ません。

　どうしても男女での泊まりの出張が必要であれば、滞在先を別にする、誤解を招かないため、部屋で打ち合わせをしない等の指導を徹底するべきです。
6．2次会のカラオケでトランクス1枚になったり、氷を塗りつけたり、倒れた女性の腰に乗るなどした。
7．専務が女性支店長らに対して肉体関係を迫り、拒否して抗

議したところ支店長職を解任した。さらに，淫乱であると言いふらされ，退職に追い込んだ。

　裁判所は，退職後1年分の給与も含め，原告それぞれに1,528万9,320円，1,480万2,080円の損害賠償を認めました。

　損害賠償の額が高額なのは，セクハラによって退職せざるを得なくなったからです。もしセクハラがなければ，今後もらえたであろう給料1年分もあわせて損害として認められました。

　最近はこういうパターンの裁判が増えています。

8．セクハラを受けていると相談を受けた上司が自宅マンションまで送り届けて，押し倒して強制わいせつ行為（下着に手を入れる）に及んだ。

　これは，強制わいせつ行為に及んでいますので，犯罪となります。

　したがって，賠償額も709万円と高額となります。

9．2人きりの車両でラブホテル街を通過したり，車両内で性生活の話をしたり，口説きながら手や腕を組んだりした。また「僕は抱きたいと思った子しか雇わないんだから」などとも発言した。

　女性はストレスが原因でPTSDになり，300万円の慰謝料が認められました。賠償額が比較的高額なのは，PTSDという精神疾患が生じているからです。

　最近は「セクハラによってうつ病になった」という裁判が増えています。病気という結果が生じているということで，賠償額が高額化する傾向にあります。

10. セクハラ苦情相談窓口の相談員（総務課長）が，加害者の主張する事実関係が信用できると判断しているかのような対応をした。

　これも 4. と同じであり，相談担当者の対応が悪いということで違法と判断されています。

裁判例の傾向をまとめると……

　これらの裁判例の傾向をまとめると，以下のようになります。
1. <u>一般に考えられている以上にセクハラとなる範囲は広い。</u>
　相手が性的に不快と感じる「言動」はすべてセクハラとなると言っても過言ではありません。
2. <u>身体的接触を伴う場合，女性が退職に追い込まれた場合，精神的疾患になった場合，損害額は特に高額となります。</u>
3. <u>セクハラ後の相談担当者の対応が，2次セクハラとなることもあります。</u>
　迅速かつ中立的な対応が必要です。

コンサル型弁護士のアドバイス

　セクハラが発生するということ自体トラブルですが，最近は「セクハラによってうつ病になった」という事案が非常に増えています。
　うつ病については後述しますが，これはこれで非常に慎重な対応が求められます。セクハラをきっかけとしてトラブルが拡大する危険があるため，各種研修等を定期的に実施したり，相

談窓口を充実させる等，セクハラ予防には十分に対策を打っておく必要があります。

なお，セクハラ予防に力を入れることは，単にトラブル予防という消極的意味のみならず，女性従業員のモチベーションを高めたり，優秀な女性従業員を維持・獲得するうえでプラスになる等，副次的な効果も期待できます。

17 うつ病の社員

よくあるご質問

うつ病の社員がいます。どのように対処すればよいのか，何か気をつけることはありませんか？

一般的回答

うつ病になる従業員は増えている

最近はうつ病等，メンタルヘルスにおいて問題のある社員が増えています。

私が弁護士になった頃（平成5年）には，メンタルヘルスの問題に関連するご相談や訴訟はほとんどなかったのですが，最近は非常に増えています。

その中でもうつ病に関する案件は突出しています。

うつ病になる人自体が増えているのかもしれませんが，うつ病が頻繁にメディア等で取り上げられるので，「自分もうつ病でないか」と思う人が増え，問題が表面化する割合が高まってきたという面は否めません。

すでに受診していてうつ病であることがはっきりしている従業員もいれば，本人は大丈夫だと言っていて受診もしていないのですが，様子がおかしい等でうつ病が疑われるという従業員

もいます。
　こういう潜在的な人も含めれば，一定規模の会社には必ず何人かうつ病の従業員がいるはずです。

会社としての対応の失敗例（その１）
　うつ病になった従業員あるいはその疑いのある従業員がいる場合，会社としてはどのように対応すればよいのでしょうか？

　まずは典型的な失敗例から見ていきます。
　課長に昇進したこと，および家族介護の問題等を発端に精神疾患になり，上司らに「降格してくれ」「配転してくれ」「退職する」等と言っていた従業員がいました。
　しかし，上司はその従業員の胸ぐらをつかんで出社するように説得したり，「診断書を会社に出さないほうがいい」といって診断書を提出させませんでした。

　なお，「胸ぐらをつかんで出社するように説得」という部分だけを読むと，「いじめているのではないか」と思われるかもしれませんが，そういう事案ではありません。
　上司としては，なんとか出社させて頑張らせようという気持ちからそのような行動をとったようです。
　上司としては，悪気はなかったかもしれません。
　上司としては「気合を入れて頑張れば乗り越えられるはずだ」と考え，よかれと思ってとった行動なのでしょう。

しかし，この従業員はこの後に自殺してしまいます。
結局，上司の行動が裏目に出て最悪の結果となりました。
上司の行動が違法と判断されて，損害賠償が認められていることは言うまでもありません。

何が問題だったのでしょうか。
うつ病の場合，頑張れと励ますことは非常に危険であり，自殺リスクを高めることも多いといわれています。上司は素人ですから，そんな医学的知識はありません。
自分勝手な判断で「気合を入れて頑張れば乗り越えられるはずだ」と考え，やる気を出させるためにやった行動が裏目に出たのです。

会社としての対応の失敗例（その２）

次は学校の先生の事案です。
女性の先生がうつ病で休職していました。治療でよくなったので復職することとなりました。校長先生としては，「あまり負担をかけないようにしたほうがよいだろう」と考え，善意から転勤を命じました。

しかし，女性教諭は職場から排斥されたと感じて病気が悪化してしまいました。
裁判所は，「本人の意思を十分に確認していないし，専門家の意見も聞いていません。素人判断の行動によって病気が悪化したのだから，違法だ」として賠償責任を認めました。

素人対応の怖さ

　以上2つの例を挙げましたが、うつ病の従業員に接する時の教訓となります。

　要するに、うつ病等精神疾患の場合、よかれと思ってやったこと、声をかけたことが裏目に出ることがよくあります。

　精神疾患なわけですから、自分の経験や思いつきで適当に行動するのではなく、精神科医の専門家に相談するべきです。

　精神科医等専門医に相談しないで対応し、その結果従業員の病気が悪化した（最悪自殺という結果が生じる場合もあります）ら、大変なことになります。「なぜ専門家に相談しないで、素人判断でそんなことをするのだ」と非難され、損害賠償責任を負うことになりかねません。

会社としてなすべきこと

　したがって、うつ病の従業員あるいはその疑いのある従業員がいる場合、会社としては「精神科医に相談しながら、対応を考えること」が一番重要となります。

　一番よいのは、精神科の産業医に相談することです。最近、精神科の産業医がいる会社も増えてきました。

　中小零細企業等で、精神病の専門家に相談することができない場合は、各都道府県ごとにある「産業保健推進センター」を利用して、相談することを検討するべきです。そこで専門家を紹介してもらうことも可能です。

そのまま働かせていいのか,受診を促すべきなのか,どのような声がけをすればよいのか,仕事内容を変えてもよいのか,身元保証人や家族に連絡してもよいのか等々,すべて医師等と協議しておくべきです。

そうしておけば,万一病状が悪化等したとしても,「なぜ専門家に相談しないで,素人判断でそんなことをするのだ」と言われることはありません。損害賠償請求された場合でも「専門家に相談しながらやっていたので,落ち度はない(少ない)」と反論できます。

うつ病の従業員に関するその他のよくあるトラブル

1. うつ病で仕事ができなくなった従業員を解雇できるか。

うつ病になったのは気の毒ですが,病気は病気。仕事ができないなら辞めてもらうと考える経営者はいるでしょう。

そのように話をして,本人が納得して自主退職するのであれば,それでも構いません。「退職したらどうか」と話をすること自体は特に違法ではありません。

ただし,何回も何回も執拗に説得したり,自主退職しなければ左遷等の不利益があると脅して自主退職させると,「無理やり退職させられた」ということとなって,損害賠償や自主退職の効力が否定される等の問題が出てきます。

では,本人が自主退職しない場合,会社は解雇できるでしょうか。

わが国の場合は解雇が有効となるための要件が非常に厳し

く，解雇権の濫用となれば解雇が無効となるということはすでに11（p.61〜）で説明したとおりです。

　うつ病の場合でも，単に「病気で仕事ができない」というだけで解雇すると，解雇権の濫用と言われる危険があります。
　なぜなら病気である以上，適切な治療をすれば治る可能性があるからです。
　特に私傷病の場合には，「休職」という制度がある会社も多くあります。これは一定期間治療に専念し（その間給料は出ませんが），それで治れば復職するという制度です。
　そのような制度があるにもかかわらず，その制度を利用せずにいきなり解雇すれば，解雇権の濫用と言わざるを得ません。
　ですから，解雇する前にまず確認すべきは，会社に休職という制度があるかどうか，休職させて治療させるという方法が適切かどうかです。
　休職制度を利用したけれども，休職期間内に復職できるほど回復しなかった場合，解雇は可能となります（解雇ではなく，期間満了までに復職しなければ当然に退職となるという制度になっている会社も多くあります）。

　なお，うつ病が私傷病ではなく労災である場合（長時間労働やパワハラ等によってうつ病になった等，会社の業務に原因がある場合），治療のために休業する期間及びその後30日間は解雇することはできません。

2．軽作業なら可能という診断書を持ってきて復職を要求している場合

すでに述べたとおり，うつ病となって働けなくなった従業員については休職させて治療させるのが原則です。

休職期間内に復職できるほど回復すれば復職し，回復しなければ解雇（又は退職）となるわけです。

では，「軽作業なら可能」という状態であれば，回復したといえるのでしょうか。

この点は非常に難しい議論になるのですが，軽作業なら可能ということは，裏を返せば「普通に仕事はできない」という状態ですから，まだ回復していないと考えられます。

ですので，「軽作業なら可能」というのであれば，復職させる必要はないというのが原則となります。

ただし，その従業員にやってもらうような軽作業があるのであれば，それに従事させてしばらく様子を見るということで，いったんは復職させる必要があります。

特に大企業のケースであれば，裁判所は「どこかに軽作業くらいあるでしょう」と言ってくる可能性が高いですから，いったん復職させざるを得ない場合がほとんどです。

この点も回復したのかどうかでよくトラブルになります。「休職前の仕事を通常にできるようにならないと復職させない」というルールを就業規則等で定めておき，休職に入る前にも念書を書かせる等の工夫が必要です。

コンサル型弁護士のアドバイス

　うつ病の従業員の問題を考えるときは，2つの問題を同時に考える必要があります。

　1つは，「従業員は貴重な戦力だ。うつ病の従業員については治療を全面的にバックアップして，復職できるように会社挙げて支援しよう」という観点です。
　厚生労働省はうつ病に対するパンフレットを多数出していますが，だいたいはそのような観点から書かれています。

　しかし，病気になって働けない，あるいは勤務に支障を来たしているにもかかわらず，あまりに手厚く保護しすぎることは，頑張って働いている他の従業員のモチベーションを下げることになります。
　「あいつはうつ病だから，簡単な仕事だけをして，給料はおれらと同じだけもらっているそうだ。絶対おかしいよ」「うつ病になったほうが楽だな」なんて不満を聞くこともよくあります。

　さらに，うつ病であると主張する従業員の中には，うつ病を演じているだけで，本当は病気でない人もいます。本当のうつ病なのか，うつ病を演じているだけなのか。専門家でも難しいとされているのです。
　そのようなニセうつ病の従業員も存在するということも念頭

においておく必要があります。

　会社にとって従業員は大切であることは当然です。
　従業員を大切にすることは，人事労務施策の基本です。

　したがって，うつ病の従業員についても，休職制度を使ってじっくり治療をさせたり，可能な限り復職できるようにバックアップすることは重要です。回復の見込みがない場合，退職するように誘導したり，必要以上に過保護に扱わないことが重要です。
　例えば，軽作業に従事させる形で復職を認める場合には，仕事内容が簡単であることに応じて給料を引き下げる等の工夫が必要です。

　なお，給料の引下げについては，復職時に会社と従業員の間で話し合い，従業員の同意を得ておくことが必要です。
　実務的には，休職からの復職等で軽作業に従事する場合には，賃金体系を変更したり（月給制から時給制に変更），給与額を引き下げることがあるというルールを就業規則に明記しておきます。そして休職に入る前にも念書を書かせる等の工夫が必要です。

18 契約社員の雇止め

よくあるご質問

　契約社員（パート社員）について，来年の契約はしないでおこうと思いますが，何か問題ありますか？

一般的回答

契約社員とは

　正社員は，契約期間というのは決まっておらず，定年まで勤務することが前提となっていることがほとんどです。

　これに対して，パート，アルバイト，嘱託，準社員等は，例えば「平成24年4月1日から平成25年3月31日までの1年間」等，契約期間が定まっています。

　このように契約期間が定まっている社員を，一般に契約社員といいます。

次の契約をしないこと（雇止め）は自由か？

　契約社員の場合，期間満了後も働いてほしい場合には，契約を更新します。

　逆に，期間満了で終了するという場合には，次の契約をしません。

　次の契約をしない，ということを専門用語で「雇止め」とい

います。

　もともと契約期間が定まっているのだから，次の契約をするかどうかなんて会社が決めることであって，更新しないからといって，何も問題ないと考えている人が多くいます。

　ところが違うのです。契約社員の管理方法が悪いと，「更新しないことが問題だ」と言われることがあります。

　実際には正社員と変わらないような状態になっていたり，契約社員が「次も更新されるだろうな」と期待して当然の状態になっているような場合には，「期間満了しましたので，契約は終わりです」とは言えなくなります。会社の経営状態が非常に悪いとか，ミスを繰り返して改善されない等の正当な理由がないと「次の契約はしません」と言えなくなるのです（労働契約法）。

契約社員の正しい管理方法とは？

　「期間満了しましたので，契約は終わりです」と言いたいのであれば，契約社員の管理をきっちり行う必要があります。

　どのようにすれば，「契約社員の管理をきっちりしている」こととなるのでしょうか？
　非常に大雑把に言えば，<u>正社員との違いを明確にすることが重要</u>です。
　<u>契約社員に「自分たちは実質的には正社員と同じだ」「次回も当然契約更新されるだろう」と思われないことが重要</u>となり

ます。

　労働時間も勤務日数も仕事内容も責任も正社員と全く同じ，違いは契約書があるか否かだけ。このようないい加減なことをしていると，契約社員は「自分たちは実質的には正社員と同じだ」という意識になります。

　また，長期間にわたって何回も当たり前のように更新したり，上司から「定年まで頑張ってね」なんて言われていたりすると，契約社員は「次回も当然契約更新されるだろう」と期待します。

　こういう状態で，「期間満了しましたので，契約は終わりです」と言えば，契約社員としては「普段正社員と同じように接しておいて，切る時だけ契約を持ち出すのか？　それはないよ」と言いたくなります。

　そういう場合には，「期間満了しましたので，契約は終わりです」とは言えません。というのが裁判所の理屈なのです。よく考えれば当然です。

正しい管理方法のポイント

　正社員との違いを明確にして，契約社員に「自分たちは実質的には正社員と同じだ」「次回も当然契約更新されるだろう」と思われないためには，何に注意すればよいのでしょうか。

　以下に契約社員の管理のポイントを挙げておきます。

1．<u>契約社員については業務内容や責任等が正社員より負担が軽い等，正社員との違いをはっきりとしておくことが重要</u>です。

　　正社員は重要な業務，契約社員は補助業務という分け方が

一番わかりやすい区別です。
2．契約社員については，採用条件が緩く採用手続を簡易にする，労働時間や出勤日数は正社員より少なくする，適用される就業規則も違うようにすることも重要です。

　正社員とは違う，正社員より諸条件や勤務内容が軽いという点を徹底することが大切です。
3．上司が「定年まで働いてください」「２年経てば正社員にします」「契約期間は形だけです」など，長期間勤務できることを前提とするような発言をしないことが重要です。

　そんな発言をしていると，言われた契約社員は「次回も当然契約更新されるだろう」と期待しますので，「期間満了しましたので，契約は終わりです」とは言いにくくなります。

　また，最初に契約書を書いてもらうときに「期間は○○年○○月までです」「更新する場合もあれば更新しない場合もあります」「更新するかどうかは毎年会社で判断させてもらいます」ということを口頭できちんと説明し，契約社員にそのことを理解させることが重要です。

　「そんなことは契約書に書いてあるのに，何でわざわざ口頭で説明する必要があるんだ」と疑問に思う人もいるかもしれません。しかし契約書の中身なんて誰も読みません。

　「正社員とは違う」，「期間があります」，「更新されないこともあります」，ということを説明しておくことは非常に重要なので，丁寧にやってやりすぎることはありません。
4．契約を更新するのであれば，更新の時期の前にきちんと次の契約書を作成する必要があります。

契約書がないとか，最初は契約書があったがあとは自動更新なんていい加減なことをしているとダメです。「期間の定めは形だけ，実際は正社員」と言われやすくなります。

また，何度も長期間にわたって更新を続けていると，だんだんと「期間満了しましたので，契約は終わりです」とは言いにくくなります。

なお，平成24年に労働契約法が改正されて，5年を超えて契約更新された場合には期間の定めのない社員への転換を要求できるという制度（無期転換制度）ができました。しかし，この無期転換制度と雇止め法理（期間満了したので契約は終わりです，とは言えなくなること）とは全く別の問題です。5年以内であれば，無期転換制度の適用はありませんが，雇止め法理の適用はあり，管理方法が悪いと，「期間満了しましたので契約は終わりです」と言えなくなります。

5．どんなにミスが多い人でも，休みの多い人でも，当たり前のように更新されるという実態が長く続くと，「更新されるのが当たり前」という意識が契約社員の中に広がります。そうなると「期間満了しましたので，契約は終わりです」とは言いにくくなります。

勤務成績の悪い契約社員についてはきちんと指導・警告し，それでも改まらないようであれば，契約を更新しないようにして，「更新されないことがある」という実績を残しておくことが重要です。

6．最初の契約のときから，「契約は5年まで」と約束しておき，それ以上は絶対に契約を更新しない扱いを徹底する，と

いうのは非常に有効な方法です。

　大企業がよく実行している方法です。

　また，何回か更新して次回の契約をするときに，「今回が最後の更新です」ということを説明し，契約社員がそれに納得したという事情があれば，「お約束どおり，契約を終了させていただきます」と言いやすくなります。

　ただ，この点については非常に誤解が多く，「契約書に『更新は今回限り』と書けばよい」と考えている人がいます。結論から言えば，誤りです。

　重要なのは，契約書に書いてあるかどうかではなく，今回が最後の更新であるということを契約社員がきちんと理解し，本当に納得して契約書に署名したかどうか，なのです。

　なぜ，更新は今回限りなのかという理由をきちんと説明して，何日か考える時間を与えて契約させる，というのが正しいやり方です。

　「契約書にサインしなければ，今すぐ辞めてもらうぞ」というように脅してはならないのは当然です。

コンサル型弁護士のアドバイス

　以上のように，「契約社員の正しい管理のポイント」を見て，違和感を感じる方もいると思います。

　例えば，上司が「優秀な契約社員さんだな」と思っても，「定年まで働いてください」なんて言ってはいけません。そんなことでは優秀な契約社員が集まらないのではないか，契約社

員のモチベーションを上げることができないではないか，と思うのも当然です。

この違和感は，「契約社員のモチベーションを上げる」ための方法と，法律的な安全を確保するための方法（「期間満了しましたので，契約は終わりです」と言いやすくするための方法）が両立しないという点から生じるものです。

契約社員のモチベーションを上げようと思えば，正社員同様の業務・権限を与え，頑張って末永く会社のために貢献してくださいというメッセージを出せばよいのです。

しかし，それをすればするほど，契約社員が正社員化してしまい，いざという時「期間満了しましたので，契約は終わりです」とは言えなくなります。

会社として，契約社員のモチベーションを上げることに力点を置くのか，いざという時に「期間満了しましたので，契約は終わりです」と言いやすくすることに力点を置くのか，この点は経営判断として決断せざるを得ません。

なお，この両者を満たす方法として，私がクライアントに推奨しているのは，契約社員は注意点に従ってきっちりと管理する一方，優秀な契約社員は正社員化するという方法です。

例えば，契約社員は5年を限度として契約を終了させていくが，優秀な方は正社員（又は準正社員）という形で登用し，安定雇用を与えるという方法です。

そうすれば，優秀な契約社員が集まりやすいですし，契約社員のモチベーションも上げることが可能となります。なお，勤務日数や勤務時間が増えることや転勤等を望まない契約社員のために，通常の正社員以外に，勤務日数限定正社員，勤務時間限定正社員，勤務地限定正社員等の種別を設定しておくというのも一案であり，実際その制度を導入する例も増えています。

著者紹介

野口　大（のぐち　だい）

弁護士
野口&パートナーズ法律事務所代表
野口&パートナーズ・コンサルティング（株）代表取締役

　平成2年司法試験合格，平成3年京都大学法学部卒業，平成14年ニューヨーク州コーネル大学ロースクール卒業（人事労務管理理論を履修）。
　債権回収や各種契約書・労使紛争等の企業法務に熟知し，特に労使紛争については数多くの団体交渉や労働裁判を専ら会社側の立場で手がける弁護士として全国的に著名。
　単なる紛争処理に留まらず，紛争予防方法や日々の人事労務管理に関する事柄まできめ細やかにアドバイスするわが国有数のコンサル型弁護士であり，全国の多数の企業の顧問・社外役員を務める。著書『労務管理における労働法上のグレーゾーンとその対応』（日本法令）は人事労務総務担当者や社会保険労務士必携のベストセラー。

著者との契約により検印省略

| 平成25年2月10日　初版第1刷発行 | 「社長」と「会社」を守る!!
人事労務18の鉄則 |

著　者	野　口　　　　大
発行者	大　坪　嘉　春
印刷所	税経印刷株式会社
製本所	株式会社　三森製本所

発行所　〒161-0033　東京都新宿区下落合2丁目5番13号　株式会社　税務経理協会

振　替　00190-2-187408
FAX　(03)3565-3391
電話　(03)3953-3301（編集部）
　　　(03)3953-3325（営業部）

URL　http://www.zeikei.co.jp/
乱丁・落丁の場合は、お取替えいたします。

© 野口 大 2013　　　　　　　　　　　　Printed in Japan

本書を無断で複写複製(コピー)することは、著作権法上の例外を除き、禁じられています。
本書をコピーされる場合は、事前に日本複製権センター（JRRC）の許諾を受けてください。
JRRC〈http://www.jrrc.or.jp　eメール：info@jrrc.or.jp　電話：03-3401-2382〉

ISBN978-4-419-05771-8　C3034